本书获得华东政法大学图书出版项目和中国博士后科学基金
（基金编号：2017M611426）的资助

BLACK—SCHOLES
期权定价公式中
参数常数假设的改进研究

杜玉林◎著

经济管理出版社

ECONOMY & MANAGEMENT PUBLISHING HOUSE

图书在版编目（CIP）数据

Black-Scholes 期权定价公式中参数常数假设的改进研究/杜玉林著.—北京：经济管理出版社，2024.4

ISBN 978-7-5096-9577-7

Ⅰ.①B…　Ⅱ.①杜…　Ⅲ.①期权定价—研究　Ⅳ.①F830.95

中国国家版本馆 CIP 数据核字（2024）第 026827 号

责任编辑：申桂萍
责任印制：许　艳
责任校对：陈　颖

出版发行：经济管理出版社
　　　　　（北京市海淀区北蜂窝 8 号中雅大厦 A 座 11 层　100038）
网　　址：www.E-mp.com.cn
电　　话：(010) 51915602
印　　刷：北京市海淀区唐家岭福利印刷厂
经　　销：新华书店
开　　本：720mm×1000mm/16
印　　张：9
字　　数：137 千字
版　　次：2024 年 4 月第 1 版　　2024 年 4 月第 1 次印刷
书　　号：ISBN 978-7-5096-9577-7
定　　价：78.00 元

考虑交易成本的期权定价模型和波动率区间假设下的多元资产期权的定价问题进行了讨论；第三章对无风险利率常数假设进行了改进，假设其在一个区间中变动得到期权定价模型；第四章讨论了波动率和无风险利率同时在一个区间变动下的期权定价模型，同时讨论了标的资产相关系数区间假设下的期权定价模型；第五章是结论，对全书进行了总结，并指出了未来的研究方向。

摘　要

2015 年 2 月 9 日上证 50ETF 期权的上市，2019 年 11 月 23 日沪深 300ETF 期权和沪深 300 指数期权的上市，以及商品期货期权的上市，标志着我国已经有了比较完善的金融衍生品市场，投资可以用来进行套期保值和避险，对于期权合理定价的要求越来越高。1973 年提出来的 Black-Scholes 模型是期权定价的始祖，也是业内人士公认的标准期权定价公式，但是 Black-Scholes 公式中对于一些参数做了常数的假设，如标的资产价格的波动率和无风险利率等，这些常数假设与现实的金融市场不相符，需要进行改进。

本书从金融数据出发，对标的资产价格的波动率和无风险利率常数假设进行了改进，假设它们分别在一个区间变动，在这种假设情况下求期权的定价模型。由于对参数做区间假设，只能求出期权价格的最大值和最小值，本书将这个求期权价格的最值问题转化成为最优控制问题，建立相应的最优控制系统，得到期权最大值和最小值满足的 Hamilton-Jacobi-Bellman 方程，并给出方程的数值解法，利用最优静态对冲的方法对冲并缩小期权价格区间，最后给出模型在中国期权市场上的应用。

本书由五章内容构成，第一章介绍基本概念和基础知识，如期权、期权定价公式以及书中要用到的随机最优控制基础知识；第二章是对波动率常数假设的改进，假设波动率在一个区间中变动得到期权定价模型，同时给出模型的延伸，对

目　录

第一章　基本概念和基础知识

第一节　期权概述

一、期权

（一）期权的概念

期权又称为选择权，是指赋予期权买方在期权有效期内按照约定的价格向期权卖方购买或者出售一定数量某种资产权利的合约，期权是一种零和博弈的金融衍生品，交易的双方为期权买方和期权卖方。对于期权买方，期权赋予的是权利，而不是义务，可以在合约规定的任何时间（美式期权）或到期日（欧式期权）买入或者卖出标的资产。如果标的资产的价格对买方不利，那么可以放弃这种权利，当然为了获得这个权利，必须支付一定的费用，这个费用就是期权费，如何确定期权费用的大小，这是本书讨论的问题。

期权交易的形式最早可以追溯到古罗马和古希腊。直到 17 世纪,荷兰才出现了期权交易市场,当时人们应用期权在郁金香交易中避险。18 世纪的英国出现了证券期权交易,但是直到 20 世纪 70 年代,期权才作为金融产品迅速发展起来,1973 年 4 月 26 日,美国建立了第一个集中性期权交易所——芝加哥期权交易所,开始了场内期权的交易。由于场内交易能够克服场外期权存在的流动性差、卖方不执行、交易分散等缺点,同时 Black-Scholes 期权定价公式的提出,期权交易取得了长足的发展。此后,随着计算机技术和金融市场的发展与完善,期权市场在交易制度、交易技术和理论研究方面不断创新,逐渐丰富了期权的交易品种,期权市场得到了前所未有的发展。

(二)期权的分类

期权的种类比较丰富,一般有如下几种分类:

(1)根据执行时间规定,可分为美式期权、欧式期权和百慕大期权。美式期权是指期权的买方可以在到期日之前的任何日期或者到期日都可以执行的期权形式;对于欧式期权,期权的买方只能在到期日执行合约。可以看出美式期权和欧式期权的最大区别在于执行日期的不同,美式期权的优势在于其执行日的任意性,因此在同样的情形下,美式期权的价格要高于欧式期权。然而百慕大期权是一种可以在到期日前所规定的一系列时间行权的期权,介于欧式期权与美式期权之间,百慕大期权允许持有人在期权有效期内某几个特定日期执行期权。例如,一个有三年剩余期的百慕大期权,可以规定在三年中每一年的最后一个月都可以行权,因此百慕大期权行权的灵活度是介于美式期权和欧式期权之间的,百慕大期权常嵌入于固定收益产品中,以吸引投资者。

界定百慕大期权、美式期权和欧式期权的主要区别在于行权时间的不同,百慕大期权可以被视为美式期权与欧式期权的混合体,如同百慕大群岛混合了美国文化和英国文化一样。

（2）根据期权交易买进或者卖出的性质，期权可分为看涨期权和看跌期权。看涨期权又称为买权、认购期权等，看涨期权是给合约持有者（即买方）按照约定的价格从对手购买特定数量之特定交易标的资产权利，这个约定的价格称为执行价格。当投资者预测或者担心标的资产价格会上涨，就会购买看涨期权。如果到期日标的资产的价格 S_T 大于执行价格 X，那么期权买方会执行该期权，获得的收益为 S_T-X-期权费；如果到期日标的资产的价格 S_T 小于执行价格 X，那么期权买方不会执行该期权，损失为期权费，如图 1-1（a）所示，图 1-1（b）则是卖方的收益情形。

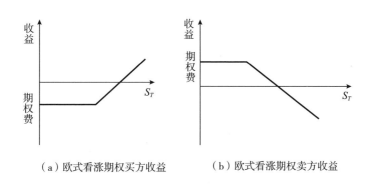

（a）欧式看涨期权买方收益　　　　（b）欧式看涨期权卖方收益

图 1-1　欧式看涨期权收益

看跌期权又称为卖权、认沽期权等，是指期权买方按照一定的价格，在规定的期权有效期内有向期权卖方出售标的资产的权利。当投资者预测或者担心标的资产价格下降时，就会购买看跌期权。如果到期日标的资产的价格 S_T 小于执行价格 X，那么期权买方会执行该期权，获得的收益为 $X-S_T-$期权费；如果到期日标的资产的价格 S_T 大于执行价格 X，那么期权买方不会执行该期权，损失为期权费，如图 1-2（a）所示，图 1-2（b）则是欧式看跌期权卖方的收益情形。

（3）按照期权合约标的资产划分，可以分为现货期权、期货期权和期权的期权。现货期权的标的资产是各种现货，如外汇、股票或者农产品等；期货期权的标的资产为各种期货，如利率期货、商品期货和股票指数期货等；期权的期权标的资产为各种期权，这种期权比较复杂。

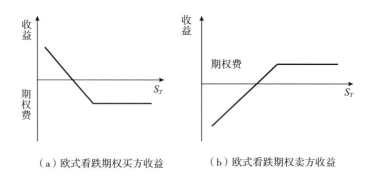

（a）欧式看跌期权买方收益　　　　（b）欧式看跌期权卖方收益

图 1-2　欧式看跌期权收益

（4）按照交易场地划分，可分为场内期权和场外期权。场内期权，也称为交易所交易期权或交易所上市期权，是指在集中性的金融期货市场或金融期权市场所进行的标准化的金融期权合约。这种期权合同是标准化合同，所有合同的要素由交易所制定，如执行价格、到期日和看涨或者看跌类型等。

场外期权也称为店头市场期权或柜台式期权，是指在非集中性的交易场所进行的非标准化的金融期权合约。期权的买卖双方根据需要制定期权合约的金额、执行时间价格等内容。

场外期权和场内期权各有优点和缺点。场内期权的优点在于其标准化、交易便利、低成本和流动性强，参与者较多，但是合约灵活性比较差；然而场外期权灵活性比较高，可以根据双方的需求来制定，但同一个合约的参与人较少，风险较大，要求交易双方的期权知识水平较高。

（三）期权价格的影响因素

期权是一种权利，期权的买方要获得这种权利需要支付给期权的卖方一定的费用，这就是期权的价格，期权的价格主要由期权的内在价值和时间价值组成。

期权的内在价值是指期权立即执行时的贴现价值。例如，看涨期权的内在价格为 $\mathrm{Max}(S_T - Xe^{-r(T-t)}, 0)$，看跌期权的内在价值为 $\mathrm{Max}(Xe^{-r(T-t)} - S_T, 0)$，由此可见，期权的内在价值为标的资产价格与执行价格之差。对于看涨期权，如果标的资产价格高于执行价格，为实值期权；如果标的资产低于执行价格，则称为虚值期权；如果两者相等，则称为平价期权。

期权时间价值，也称外在价值，是指期权合约的购买者为购买期权而支付的期权费超过期权内在价值的那部分价值。期权的时间价值跟期权的剩余期限、标的资产的历史波动率以及当前标的资产价格有关：期权剩余时间越长、价格变动越大，期权时间价值越高；标的资产波动率越大，期权时间价值越高；标的资产价格过高或过低，期权时间价值越低。

期权价格由时间价值和内在价值构成，因此影响内在价值和时间价值的因素都是影响期权价值的因素，总结下来影响期权价格有如下几个因素：

1. 标的资产市场价格与期权的执行价格

标的资产的市场价格和期权的执行价格是影响期权价格的主要因素，两者之差不仅影响期权价格内在价值，而且影响期权的时间价值。对于看涨期权，标的资产市场价格越高，执行价格越低，看涨期权的价格越高；对于看跌期权，标的资产市场价格越低，执行价格越高，那么期权价格越高。

2. 标的资产价格的波动率

波动率是用来表示金融资产价格的波动程度，是对资产收益率不确定性的衡量，用于反映金融资产的风险水平。波动率越大，期权的理论价格越高；反之，波动率越小，期权的理论价格越低。波动率对期权价格的正向影响，可以理解为：对于期权的买方，由于买入期权付出的成本已经确定，标的资产的波动率越大，标的资产价格偏离执行价格的可能性就越大，可能获得的收益就越大，因而买方愿意付出更多的权利金购买期权；对于期权的卖方，由于标的资产的波动率越大，其承担的价格风险就越大，因此需要收取更高的权利金。相反，标的资产波动率越小，期权的买方可能获得的收益就越小，期权的卖方承担的风险越小，因此期权的价格越低。

与其他影响因素不同的是，在期权定价时，没有办法直接获得期权有效期内标的资产价格的波动率，要用一些方法来估计，如历史波动率。历史波动率是指投资回报率在过去一段时间内所表现出的波动率，它由标的资产市场价格过去一段时间的历史数据（即时间序列 $\{S_t\}$）反映。这就是说，可以根据 $\{S_t\}$ 的时间序列数据，计算出相应的波动率数据，然后运用统计推断方法估算回报率的标准差，从而得到历史波动率的估计值。显然，如果实际波动率是一个常数，不随时间的推移而变化，则历史波动率是实际波动率的一种很好的估计。

历史波动率是假设标的资产的波动率是一个常数，但是事实上标的资产波动率不是常数，而是在变化的，为了刻画这种现象，引进了一些统计方法来预测波动率，比较有名的 GARCH 族模型，通过对标的资产的历史价格建模，来预测其时变的波动率，结果表明这种波动率比历史波动率的定价效果有所提高。当然可以利用市场上期权的价格，通过期权定价公式反解出波动率，这种推算出来的波动率被称为市场报价中的隐含波动率。

3. 无风险利率

影响期权价格的另外一个重要因素是无风险利率，尤其是短期无风险利率。利率影响期权价格的机制比较复杂。分为静态和动态两种角度来看。静态角度是分析无风险利率绝对水平的变化对于期权价格的影响。在其他因素不变的情形下，如果提高无风险利率，一方面会使得股票预期收益率增加，从而使得期权价格增加，但是另外一方面，由于贴现因子值会减少，从而使得期权价格减少，这两种效应对期权价格的影响方向是不同的。研究表明，两种效应的叠加结果是使得看涨期权价格上涨，看跌期权价格下跌。

动态角度是从标的资产价格与无风险利率均衡过程进行分析的。当标的资产与无风险利率负相关时，如果提高无风险利率的均衡水平，为了使标的资产预期收益率提高，均衡过程通常是通过降低标的资产的期初价格和预期价格，只是前者的降幅更大，同时贴现率也随之上升。看涨期权的这两种效应使得期权价格下降（看涨期权的内在价值为标的资产价格与执行价格之差）。看跌期权的前者效应为正，后者为负，而前者效应通常大于后者，故一般认为其价格是上升的。

从期权费的机会成本的角度来分析对期权价格的影响，这对于看跌和看涨期权而言效果相同。因为期权费是在期权交易初期以现金的方式直接支付的，所以有机会成本，这一机会成本是与无风险利率的高低呈正相关的。因此，无风险利率越高，期权费用的机会成本越高，对于期权的需求就越弱，导致价格下降；无风险利率越低，传导机制则相反。

4. 期权的有效期

期权的有效期是指期权交易中期权买卖日至期权到期日的时间。对于美式期权来讲，因为允许期权买方在到期日之前任意时刻都能行权，因此有效期越长，期权多头获利机会就越大，而且有效期越长的期权包含了有效期短的期权的所有执行机会，因此有效期越长，美式期权的价格就越高。

对于欧式期权，随着期限的增加，欧式看涨和看跌期权的价格都会增加，但是这一结论并不总是成立。例如，两个关于同一股票的欧式期权，一个期权的到期日在一个月之后，另外一个的到期日为两个月，如果在 5 个星期以后该股票会支付大额股息，因为股息发放会使得期权价格下降，因此短期限的期权价格可能会超过长期限的期权价格。

5. 未来的股息

股息的发放会使得股票在除息日的价格降低。对于看涨期权，这是一个坏消息，但是对于看跌期权来说却是一个好消息，因此看涨期权价格与预测股息的大小呈反向关系，而看跌期权价格则是呈正向关系。

由上面的分析可知，影响期权价格的因素有很多，而且各因素对期权价格的影响也很复杂，既有影响方向的不同，又有程度的不同，各因素之间的影响也有补充或者抵消的关系，表1-1总结了各种因素对期权价格的影响方向。

表1-1　期权价格影响因素以及影响方向

变量	欧式看涨期权	欧式看跌期权	美式看涨期权	美式看跌期权
当前标的资产价格	+		+	
执行价格	−	+	−	+
波动率	+	+	+	+
无风险利率	+	−	+	
有效期	?	?	+	−
未来的股息	−	+	−	+

注：+表示正向变化；−表示反向变化；?表示两者之间关系未定。

二、我国期权市场的发展

（一）权证

权证是指标的证券发行人或其以外的第三人发行的，约定持有人在规定期间内或特定到期日，有权按约定价格向发行人购买或出售标的证券，或以现金结算方式收取结算差价的有价证券。其发行人可以是上市公司，也可以是持有大量上市公司股票的第三者，如其非流通股股东、券商、投行等金融机构。权证标的资产可以是个股、一揽子股票、指数、商品或其他衍生产品。我国权证标的资产主要是上市公司股票。认股权证是由股份有限公司发行的可认购其股票的一种买入期权，它赋予持有者在一定期限内以事先约定的价格购买发行公司一定股份的权利。对于筹资公司而言，发行认股权证是一种特殊的筹资手段。认股权证本身含有期权条款，其持有者在认购股份之前，对发行公司既不拥有债权也不拥有股权，而只是拥有股票认购权。尽管如此，发行公司可以通过发行认股权证筹得现金，还可用于公司成立时对承销商的一种补偿。

权证起源于 1911 年美国电灯和能源公司。在 1929 年以前，权证作为投机性的品种而沦为市场操纵的工具。20 世纪 60 年代，许多美国公司利用股票权证作为并购的融资手段。由于权证相对廉价，部分权证甚至被当作促销手段。当时美国公司在发售债券出现困难时，常常以赠送股票权证加以"利诱"。1970 年，美国电话电报公司以权证方式融资 15 亿美元，使得权证伴随标的证券的发行成为最流行的融资模式。欧洲最早的认股权证出现在 1970 年的英国，而德国自从1984 年发行认股权证之后，一度迅速成为世界上规模最大的权证市场，拥有上万只权证品种。

1992 年，我国上市公司为了解决国有股股东的资金到位问题，曾经发行过认股权证。1992 年 11 月 5 日，宝安集团认股权证在深交所开始上市交易，开创了中国认股权证的先河。后来由于政策原因和市场环境的变化，认股权证并没有在中国证券市场上得到推广和发展。1996 年 6 月底，有关权证的政策方面的混乱引发了过度投机行为和价格的暴涨暴跌，使得整个权证市场股除外被迫关闭。2005 年，中国证监会核准通过了《权证管理暂行办法》，预示着权证又将重新出现在中国的证券市场上。2005 年 8 月 12 日，宝钢股份临时股东大会通过引入权证进行股权改革的方案，8 月 22 日，宝钢权证在上海证券交易所挂牌上市，随后长江电力、新钢钒、吴钢股份、万科也进行股权分置改革，发行了权证。由于权证是新型的金融产品，发行不久就吸引了广大投资者的目光，纷纷加入权证的炒作队伍之中。2007 年 6 月 12 日，沪深两市权证交易额前一日首度超 1000 亿元大关，达 1218 亿余元，其中招行认沽权证交易额达 406.99 亿元，换手率达416%，相当于平均每 45 分钟招行认沽权证全部换手一遍。2007 年 6 月 12 日，沪深两市总成交 2415.7 亿元，权证交易占整个证券交易额的一半左右，与两市所有股票和基金交易额差不多。虽然当时权证市场的产品只有 14 只，其中 5 只认沽权证，9 只认购权证，但是其交易量已经是同类产品全球第一。但是权证投资与股票投资还是有区别的，权证投资有时效性，到期了权证会被注销，投资者将血本无归，而且权证投资有很高的杠杆性，是一种风险很高的投资品种，因此需要投资者有一定的投资知识。但是习惯于股票交易的投资者并没有意识到这些风险，而是将权证和股票等同起来，为自己带来了很大的风险，特别是对于内在价值为零的权证的击鼓传花式的炒作，有的投资者损失惨重，引起了社会的关注，后来中国证监会对权证这种产品进行了限制和监管。2011 年 8 月 11 日，随着最后一只权证长虹 CWB1（580027）以每份 0.863 元的价格到期，伴随股权分置改革而生的权证产品，由此正式退出中国证券市场的历史舞台。

权证是一个时代的产物，其主要的作用有如下几个方面：

（1）权证是股权分置的产物，为我国股权分置改革做出了比较大的贡献。上市公司能够解决借助认股权证进行国有股减持，是一种市场化的减持方案。投资者通过购买国有认股权证，获得将来一定时间内按约定的配售价格和国有股配售比例购买国有股的权利。利用这种方法减持，可以在一定程度上缓和市场对国有股减持的敏感性以及二级市场因大量配售国有股瞬间上市所带来的冲击和压力，也在一定程度上保障了流通股股东的利益。

（2）发放认股权证可以作为员工激励措施或奖励计划中的一个部分，将员工的利益与公司的成长相结合。对于高级管理人员，通过认股权证可以极大地改善委托代理关系，能有效地解决经理人长期激励不足等问题。使用认股权证可以用低成本不断吸收高级管理人才和技术骨干，避免对高级管理人员支付较高的薪金，减少管理成本。随着认股权证的执行，公司的资本资金会相应增加，同时使用认股权证能起到稳定员工队伍的作用。认股权证的发行条款中通常都会对员工提前离开公司后的行权进行限制或取消，增加人员的流动成本，可以留住管理人才和技术骨干。

（3）权证的推出，有利于完善证券市场结构和功能。成熟的证券市场产品既有基础性产品（如股票、债券），又有结构性产品（如 LOF、ETF 等），还要有衍生产品（如股指期权、股指期货等）。然而当时的中国证券市场缺乏金融衍生产品，事实上是一个单边市场，不能满足投资者多样化的投资需求，不利于提高资本市场效率，优化资源配置。权证的推出，为创造新的金融衍生品市场提供多样化投资工具，为促进价格发现和资源配置提供了契机，为投资者提供了有效的风险管理工具和资产组合调整手段，极大地丰富了市场投资品种。由于权证具有期权性质，同时具有高财务杠杆的特点，因此投资者既可以利用它进行风险管理，也可以通过杠杆作用实现"以小搏大"的目的，增加了新的盈利模式。权证的推出，有利于促进资本市场的金融创新，改变了当时的股票市场单边化的市场形势，为今后一系列创新产品的发展打下基础，为未来金融衍生品市场的成长积累宝贵经验。

权证也只是过渡性的产品，从上市到退市也只有 6 年左右的时间。由于各种原因，权证制度的发行和交易制度存在非常大的问题，如发行量小、交易制度不健全以及投资者的非理性操作，自从诞生以来，权证就被投机者炒得热火朝天，特别是对内在价值为零的期权炒作，最典型的有南航权证的炒作，由于创设制度的不完善以及投资者的非理性，权证本来的想法是投资者的避险工具，但是反而给投资者带来了很大的风险。究其原因，是投资者依然不熟悉这种产品，对其定价缺乏一定的认识，缺乏对期权合理价格的判定，如果多数投资者对于权证有比较深的价值判断，就不会出现对内在价值为零的期权的炒作，不会出现非理性的行为，因此投资者掌握一定的期权定价原理是非常关键的。

（二）ETF 期权和指数期权

期权是一种非常重要的金融衍生工具，主要作用是价格发现以及对冲和管理风险。上证 50ETF 期权于 2015 年 2 月经证监会批准，在上海证券交易所挂牌上市交易。上证 50ETF 期权合约是对上证 50 交易型开放式基金（上证 50ETF）交易权利的买卖，为欧式期权，有认购和认沽期权两种类型，每一种类型有四个到期月份。上证 50ETF 期权的标的资产为华夏基金管理有限公司管理的上证 50 交易型开放式指数证券投资基金。上证 50ETF 选取一揽子蓝筹股作为权重标的，并按照标的清单内股票的最新成交价格和预估现金计算上证 50ETF 的单位净值。ETF 期权的买方先支付一定数额的期权费，便可以在约定期限时刻选择买入（或卖出）一定数量 ETF 份额；ETF 期权的卖方在获得期权费的同时，承担了相应数量 ETF 期权的兑付义务。2019 年 12 月 23 日，上交所和深交所交易的沪深 300ETF 期权以及中金所交易的沪深 300 指数期货期权上市，标志着我国证券市场拥有全套主流的金融衍生品，大大促进了我国证券市场结构的完善和发展。上证 50ETF 期权上市以来，发展非常迅速，越来越受到投资者的关注。上海证券交易所的统计资料显示，上证 50ETF 期权的月度成交量逐渐增加，由 2015 年 2 月的 23 万张左右合约逐步增加到 2020 年 4 月的 467 万张合约，五年之内增加了 20 多倍，其中认购期权合约增长了 25 倍，认沽期权合约增长了 23 倍，沪深 300ETF 期权的合约交易数量与上证 50ETF 期权交易数量相当。

从现有的期权理论研究和境外成熟市场的实践来看，ETF 期权对股票现货市场具有正面影响，两种 ETF 期权和指数期权上市以来的运行情况也充分证明了这一点。一是上证 50ETF 期权的推出明显提升了上证 50ETF 的市场规模和流动性。上证 50ETF 期权上市后，上证 50ETF 的各项流动性指标均优于其他 ETF 产品。

二是期权的推出有效降低了标的资产的波动率，同时提高了标的资产的定价效率。即使在股票市场大幅度波动的 2015 年，上证 50ETF 期权市场也没有对股票现货市场产生做空压力。

随着期权做市商制度的逐步完善，市场参与上证 50ETF 和沪深 300ETF 期权的各方势力发展比较均衡，一般来说，期权市场的投资者主要分为套利者、套期保值者、投机者和增强收益类投资者四种，各类参与者的结构较为合理，分别占比 27%、18%、15%、30%。此外，已有近 20 家期货公司和近百家券商能够进行股票期权经纪业务。以上证 50ETF 和沪深 300ETF 期权主力合约为例，由于采用了做市商制度，上证 50ETF 期权的流动性有所提高。可以看出，我国的期权市场发展迅速，越来越成为市场上投资和避险的工具，但是要充分发挥期权的作用，需要对其定价进行深入的研究。表 1-2、表 1-3 分别列出了上证 50ETF 和沪深 300 指数期权合约的基本情况。

表 1-2　上证 50ETF 期权合约基本条款

上证 50ETF 期权合约基本条款	
合约标的	上证 50 交易型开放式指数证券投资基金（"50ETF"）
合约类型	认购期权和认沽期权
合约单位	10000 份
合约到期月份	当月、下月及随后两个月
行权价格	9 个（1 个平值合约、4 个虚值合约、4 个实值合约）
行权价格间距	3 元或以下为 0.05 元，3 元至 5 元（含）为 0.1 元，5 元至 10 元（含）为 0.25 元，10 元至 20 元（含）为 0.5 元，20 元至 50 元（含）为 1 元，50 元至 100 元（含）为 2.5 元，100 元以上为 5 元
行权方式	到期日行权（欧式）
交割方式	实物交割（业务规则另有规定的除外）
到期日	到期月份的第四个星期三（遇法定节假日顺延）
行权日	同合约到期日，行权指令提交时间为 9：15 到 9：25，9：30 到 11：30，13：00 到 15：30

续表

上证 50ETF 期权合约基本条款

交收日	行权日次一交易日
交易时间	9：15 到 9：25，9：30 到 11：30（9：15 到 9：25 为开盘集合竞价） 13：00 到 15：00（14：57 到 15：00 为收盘集合竞价时间）
委托类型	普通限价委托、市价剩余转限价委托、市价剩余撤销委托、全额即时限价委托、全额即时市价委托以及业务规则规定的其他委托类型
买卖类型	买入开仓、买入平仓、卖出开仓、卖出平仓、备兑开仓、备兑平仓以及业务规则规定的其他买卖类型
最小报价单位	0.0001 元
申报单位	1 张或其整数倍
涨跌幅限制	认购期权最大涨幅 = max ｛合约标的前收盘价 × 0.5%，min［（2 × 合约标的前收盘价 - 行权价格），合约标的前收盘价］× 10%｝
	认购期权最大跌幅 = 合约标的前收盘价 × 10%
	认沽期权最大涨幅 = max ｛行权价格 × 0.5%，min［（2 × 行权价格 - 合约标的前收盘价），合约标的前收盘价］× 10%｝
	认沽期权最大跌幅 = 合约标的前收盘价 × 10%
熔断机制	连续竞价期间，期权合约盘中交易价格较最近参考价格涨跌幅度达到或超过 50% 且价格涨跌绝对值达到或超过 10 个最小报价单位时，期权合约进入 3 分钟的集合竞价交易阶段
开仓保证金最低标准	认购期权义务仓开仓保证金 = ［合约前结算价 + max（12% × 合约标的前收盘价 - 认购期权虚值，7% × 合约标的前收盘价）］× 合约单位
	认沽期权义务仓开仓保证金 = min［合约前结算价 + max（12% × 合约标的前收盘价 - 认沽期权虚值，7% × 行权价格），行权价格］× 合约单位
维持保证金最低标准	认购期权义务仓维持保证金 = ［合约结算价 + max（12% × 合约标的的收盘价 - 认购期权虚值，7% × 合约标的的收盘价）］× 合约单位
	认沽期权义务仓维持保证金 = min［合约结算价 + max（12% × 合约标的的收盘价 - 认沽期权虚值，7% × 行权价格），行权价格］× 合约单位

表1-3 沪深 300 指数期权合约基本条款

合约标的物	沪深 300 指数
合约乘数	每点人民币 100 元
合约类型	看涨期权、看跌期权

续表

合约标的物	沪深 300 指数
报价单位	指数点
最小变动价位	0.2 点
每日价格最大波动限制	上一交易日沪深 300 指数收盘价的±10%
合约月份	当月、下两个月及随后 3 个季月
行权价格	行权价格覆盖沪深 300 指数上一交易日收盘价上下浮动 10%对应的价格范围
	对当月与下两个月合约：行权价格≤2500 点时，行权价格间距为 25 点；2500 点<行权价格≤5000 点时，行权价格间距为 50 点；5000 点<行权价格≤10000 点时，行权价格间距为 100 点；行权价格>10000 点时，行权价格间距为 200 点
	对随后 3 个季月合约：行权价格≤2500 点时，行权价格间距为 50 点；2500 点<行权价格≤5000 点时，行权价格间距为 100 点；5000 点<行权价格≤10000 点时，行权价格间距为 200 点；行权价格>10000 点时，行权价格间距为 400 点
行权方式	欧式
交易时间	9：30 到 11：30，13：00 到 15：00
最后交易日	合约到期月份的第三个星期五，遇国家法定假日顺延
到期日	同最后交易日
交割方式	现金交割
交易代码	看涨期权：IO 合约月份-C-行权价格 看跌期权：IO 合约月份-P-行权价格
上市交易所	中国金融期货交易所

（三）商品期货期权

期货期权（Options on Futures）是对期货合约买卖权的交易，包括商品期货期权和金融期货期权。一般所说的期权通常是指现货期权，而期货期权则是指"期货合约的期权"，期货期权合约表示在期权到期日或之前，以协议价格购买或卖出一定数量的特定商品或资产的期货合同。期货期权的标的资产是商品期货合同，期货期权合同实施时要求交易的不是期货合同所代表的商品，而是期货合同本身。如果执行的是一份期货看涨期权，持有者将获得该期货合约的多头头寸外加一笔数额等于当前期货结算价格减去执行价格的现金。

期货期权的优点在于：

（1）资金使用效益高。由于交易商品是期货，因此在建立头寸时，是以差额支付保证金，在清算时是以差额结账，从这个意义上讲，期货期权可以用较少的资金完成交易，因而也就提高了资金的使用效益。

（2）交易方便。由于期货期权的交易商品已经标准化、统一化，具有较高的流动性，因此便于进行交易。

（3）信用风险小。由于期货期权交易通常是在交易所进行的，交易的对方是交易所清算机构，因而信用风险小。

与现货期权相比，期货期权也有明显的缺点，其最大缺点是在交易所进行交易，因此上市的商品种类有限，因而协议价格、期限等方面的交易条件不能自由决定。但是，交易者在期货市场上做保值交易或投资交易时，配合使用期货期权交易，在降低期货市场的风险性的同时提高现货市场套期保值的成功率，而且还能增加盈利机会。

推出商品期货期权的重大意义表现在：

（1）期货期权市场体系能延伸和健全现货—期货—期权的关系链，表明现货市场的成熟，是期货市场发展的前提条件，只有期货市场发展到一定阶段，期权才能上市。也就是说，期货是规避现货供求风险的市场，期权是平衡期货头寸风险的市场，期权的上市交易意味着期货市场体系从布局上得以延伸和健全，而一个有效的期权市场可以降低相关市场的价格上下波动幅度，并增加对底层资产投资的吸引力。

（2）期货市场保值功能进一步强化。随着需求的上升和市场的发展，越来越多的投资者已经不满足于传统的期货市场保值，而需要一种成本更低、操作简单、风险可控的工具与不断变化的市场需求相匹配，期权正是满足以上要求的适宜产品。

（3）期权市场的完善有利于金融市场的发展，发挥金融市场的资源配置作用。一个完整的金融市场应有五大基本的产品要素，即现货、利率、汇率、指数和期货期权，要想实现金融创新及金融衍生品的快速发展，期货市场与其他金融市场之间的协调均衡性发展是其中的关键。

表1-4列出了我国现有推出的商品期货期权的基本情况。

表1-4　我国现有的商品期货期权

期货期权品种	上市日期	上市地点
豆粕期权	2017 年 3 月 31 日	大连商品交易所
白糖期权	2017 年 4 月 19 日	郑州商品交易所
铜期权	2018 年 9 月 21 日	上海商品交易所
玉米期权	2019 年 1 月 28 日	大连商品交易所
棉花期权	2019 年 1 月 28 日	郑州商品交易所
天然橡胶期权	2019 年 1 月 28 日	上海商品交易所
铁矿石期权	2019 年 12 月 9 日	大连商品交易所
PTA 期权	2019 年 12 月 16 日	郑州商品交易所
甲醇期权	2019 年 12 月 16 日	郑州商品交易所
黄金期权	2019 年 12 月 20 日	上海商品交易所
菜籽粕期权	2020 年 1 月 16 日	郑州商品交易所

表1-5列举了玉米期权合约的基本条款。

表1-5　玉米期权合约的基本条款

合约类型	看涨期权、看跌期权
交易单位	1 手（10 吨）玉米期货合约

续表

合约类型	看涨期权、看跌期权
报价单位	元（人民币）/吨
最小变动价位	0.5 元/吨
涨跌停板幅度	与玉米期货合约涨跌停板幅度相同
合约月份	1 月、3 月、5 月、7 月、9 月、11 月
交易时间	每周一至周五 9：00 到 11：30，13：30 到 15：00，以及交易所规定的其他时间
最后交易日	标的期货合约交割月份前一个月的第 5 个交易日
到期日	同最后交易日
行权价格	行权价格范围覆盖玉米期货合约上一交易日结算价上下浮动 1.5 倍当日涨跌停板幅度对应的价格范围。行权价格≤1000 元/吨，行权价格间距为 10 元/吨；1000 元/吨<行权价格≤3000 元/吨，行权价格间距为 20 元/吨；行权价格>3000 元/吨，行权价格间距为 40 元/吨
行权方式	美式。买方可以在到期日之前任一交易日的交易时间，以及到期日 15：30 之前提出行权申请
交易代码	看涨期权：C-合约月份-C-行权价格 看跌期权：C-合约月份-P-行权价格
上市交易所	大连商品交易所

　　随着我国期权市场的逐步完善，推出的期权产品越来越丰富，更加需要对期权产品合理定价，因此研究期权定价具有重要的意义。1973 年由 Black-Scholes 提出来的定价公式是期权定价的基石，后来 Merton 进行了一些拓展，这也是本书的主要研究对象，下面简要介绍他们的工作。

第二节 Black-Scholes 期权定价公式

一、Black-Scholes 期权定价公式的基本假设以及推导

（一）布朗运动

布朗运动是指一个小粒子在液体或者气体中无休止和不规则的随机运动，它是由 Brown 在 1827 年观察到的，后来被应用于描述股票价格的变化过程。这种现象被解释为粒子与周围媒介中的分子不停地碰撞，与布朗运动有关的随机过程称为布朗过程或者 Wiener 过程。

变量 z 服从如下两个性质则被称为维纳过程。

性质 1：变量 Δz 与时间区间 Δt 之间满足：

$$\Delta z = \varepsilon \sqrt{\Delta t}, \quad \varepsilon \sim N(0, 1)$$

性质 2：在任何两个不重叠的 Δt 时间区间内，变量 Δz 之间都是相互独立的。

维纳过程描述了变量 z 的随机运动，然而现实中的随机变量不仅有随机波动，而且有时间趋势等特征，随机波动的方差并不等于时间长度，因此有必要在上述的标准维纳过程的基础上引入广义的维纳过程：

$$dx = adt + bdz$$

其中，a 和 b 都是常数，dz 是标准的维纳过程。式中的第一项 adt 为确定项，表示变量 x 的漂移率每单位时间为 a；第二项 bdz 是随机项，表示变量 x 的时间趋势所添加的噪声，使变量 x 围绕确定趋势上下随机波动。

（二）伊藤引理

普通布朗运动假定漂移项和方差为常数，如果允许两者都随着 x 和时间 t 变化，那么 x 被称为伊藤过程：

$$dx = a(x, t)dt + b(x, t)dz$$

其中，dz 是标准的维纳过程。

在此基础上通过泰勒公式可以得到伊藤定理。对于函数 $G(x, t)$，根据泰勒公式有：

$$\Delta G = \frac{\partial G}{\partial x}\Delta x + \frac{\partial G}{\partial t}\Delta t + \frac{1}{2}\frac{\partial^2 G}{\partial x^2}\Delta x^2 + \frac{\partial G}{\partial x \partial t}\Delta t\Delta x + \frac{1}{2}\frac{\partial^2 G}{\partial t^2}\Delta t^2 + \cdots$$

然后将 $dx = a(x, t)dt + b(x, t)dz$ 的离散形式

$$\Delta x = a(x, t)\Delta t + b(x, t)\varepsilon\sqrt{\Delta t}$$

代入上式，就能得到伊藤引理：

$$dG = \left(\frac{\partial G}{\partial x}a + \frac{\partial G}{\partial t} + \frac{1}{2}\frac{\partial^2 G}{\partial x^2}b^2\right)dt + \frac{\partial G}{\partial x}bdz$$

那么 $G(x, t)$ 是一个伊藤过程，漂移项为 $\frac{\partial G}{\partial x}a + \frac{\partial G}{\partial t} + \frac{1}{2}\frac{\partial^2 G}{\partial x^2}b^2$，标准差为 $\frac{\partial G}{\partial x}b$。

（三）Black-Scholes 期权定价公式的假设

Black-Scholes 是 1973 年由 Black 和 Scholes 两人提出来的，他们是建立在如下假设基础上的（金德环，2015）：

（1）标的资产价格服从几何布朗运动，也就是 a 和 b 都是常数项。

（2）允许卖空标的证券，市场不存在套利机会。

（3）在衍生品有效期内，标的证券没有现金收益支付。

（4）没有交易成本和税收，所有证券都是完全可分的。

（5）证券交易是连续的，价格变动也是连续的。

（6）在衍生品有效期内，无风险收益是常数。

（四）Black-Scholes 期权定价公式的推导和求解

下面在上述假设基础上来推导并求解 Black-Scholes 期权定价公式。假设股票价格服从如下的几何布朗运动：

$$dS = \mu S dt + \sigma S dz$$

其离散化形式可写成：

$$\Delta S = \mu S \Delta t + \sigma S \Delta z$$

由于期权的价格函数 $f(S, t)$ 是依赖于股票价格 S 和时间 t 的，根据伊藤引理得到：

$$df = \left(\frac{\partial f}{\partial S} \mu S + \frac{\partial f}{\partial t} + \frac{1}{2} \frac{\partial^2 f}{\partial S^2} \sigma^2 S^2 \right) dt + \frac{\partial f}{\partial S} \sigma S dz$$

对应的离散形式为：

$$\Delta f = \left(\frac{\partial f}{\partial S} \mu S + \frac{\partial f}{\partial t} + \frac{1}{2} \frac{\partial^2 f}{\partial S^2} \sigma^2 S^2 \right) \Delta t + \frac{\partial f}{\partial S} \sigma S \Delta z$$

其中，Δf 是 f 在短时间 Δt 内的变化量，为了消去 Δz，可以构造一个包括空头一份期权和多头 $\frac{\partial f}{\partial S}$ 份的证券组合，这个组合的价值为：

$$\Pi = -f + \frac{\partial f}{\partial S} S$$

那么该组合在短时间 Δt 内的价格变化为：

$$\Delta \Pi = -\Delta f + \frac{\partial f}{\partial S} \Delta S = \left(-\frac{\partial f}{\partial t} - \frac{1}{2} \frac{\partial^2 f}{\partial S^2} \sigma^2 S^2 \right) \Delta t$$

根据无套利原理有：

$$\Delta \Pi = -\Delta f + \frac{\partial f}{\partial S} \Delta S = \left(-\frac{\partial f}{\partial t} - \frac{1}{2} \frac{\partial^2 f}{\partial S^2} \sigma^2 S^2 \right) \Delta t = r \Pi \Delta t$$

因此

$$\left(-\frac{\partial f}{\partial t}-\frac{1}{2}\frac{\partial^2 f}{\partial S^2}\sigma^2 S^2\right)\Delta t = r\left(f-\frac{\partial f}{\partial S}S\right)\Delta t$$

整理就能得到 Black-Scholes 期权定价公式:

$$\frac{\partial f}{\partial t}+\frac{1}{2}\frac{\partial^2 f}{\partial S^2}\sigma^2 S^2 + r\frac{\partial f}{\partial S}S = rf$$

不同的衍生品,边界条件是不同的,欧式看涨期权的边界条件为:

$$f = \max(S_T - X,\ 0)$$

欧式看跌期权的边界条件为:

$$f = \max(X - S_T,\ 0)$$

其中,X 为执行价格。

下面来求解 Black-Scholes 公式。

因为假设股票价格服从几何布朗运动:

$$dS = \mu S dt + \sigma S dz$$

因此设 $H = \ln S$,则有:

$$\frac{\partial H}{\partial S} = \frac{1}{S},\ \frac{\partial H}{\partial t} = 0,\ \frac{\partial^2 H}{\partial S^2} = -\frac{1}{S^2}$$

根据伊藤引理有:

$$dH = d\ln S = \left(\mu - \frac{\sigma^2}{2}\right)dt + \sigma dz$$

因此期权到期日标的资产价格服从对数正态分布:

$$\ln S_T \sim \Phi\left(\ln S + \left(\mu - \frac{\sigma^2}{2}\right)(T-t),\ \sigma\sqrt{T-t}\right)$$

在关于布朗运动 dz 风险中性的条件下,欧式看涨期权的价格可以通过求下面的期望值得到:

$$c = e^{-r(T-t)}E(\max(S_T - X,\ 0))$$

所以:

$$E(\max(S_T - X, 0)) = \int_{-\infty}^{+\infty} \max(S_T - X, 0)\varphi(S_T)dS_T$$

$$= \int_{X}^{+\infty} (S_T - X)\varphi(S_T)dS_T = \int_{\ln X}^{+\infty} (e^{\ln S_T} - X)\varphi(\ln S_T)d\ln S_T$$

将 S_T 中心化，令：

$$a = \frac{\ln S_T - \ln S + \left(r - \dfrac{\sigma^2}{2}\right)(T-t)}{\sigma\sqrt{T-t}} = \frac{\ln S_T - b}{s}$$

那么：

$$E(\max(S_T - X, 0)) = \int_{a}^{+\infty} (e^{as+b} - X, 0)\varphi(a)da$$

$$= \int_{a}^{+\infty} e^{\frac{\sigma^2(T-t)}{2}+a} \frac{1}{\sqrt{2\pi}} e^{-\frac{(a-s)^2}{2}}da - XN\left(\frac{a - \ln X}{\sqrt{\sigma^2(T-t)}}\right)$$

$$= \int_{a}^{+\infty} e^{\frac{\sigma^2(T-t)}{2}+a} \frac{1}{\sqrt{2\pi}} e^{-\frac{(a-s)^2}{2}}da - XN\left(\frac{a - \ln X}{\sqrt{\sigma^2(T-t)}}\right)$$

$$= Se^{r(T-t)}N\left(\frac{\ln\left(\dfrac{S}{X}\right) + \left(r + \dfrac{\sigma^2}{2}\right)(T-t)}{\sigma\sqrt{T-t}}\right) -$$

$$XN\left(\frac{\ln\left(\dfrac{S}{X}\right) + \left(r - \dfrac{\sigma^2}{2}\right)(T-t)}{\sigma\sqrt{T-t}}\right)$$

因此，对于欧式看涨期权，其价格为：

$$c = e^{-r(T-t)}E(\max(S_T - X, 0)) = SN(d_1) - Xe^{-r(T-t)}N(d_2)$$

其中：

$$d_1 = \frac{\ln\left(\dfrac{S}{X}\right) + \left(r + \dfrac{\sigma^2}{2}\right)(T-t)}{\sigma\sqrt{T-t}}, \quad d_2 = \frac{\ln\left(\dfrac{S}{X}\right) + \left(r - \dfrac{\sigma^2}{2}\right)(T-t)}{\sigma\sqrt{T-t}} = d_1 - \sigma\sqrt{T-t}$$

函数 $N(\cdot)$ 为标准正态分布的累计概率分布函数。

同样道理，欧式看跌期权的价格表达式为：

$$p = Xe^{-r(T-t)} N(-d_2) - SN(-d_1)$$

二、Black-Scholes 期权定价公式假设的改进

由于 Black-Scholes 公式能够求出欧式期权的解析解，是期权定价公式的基石，得到了广泛应用，推动了金融市场的发展，提出者由此获得了 1997 年诺贝尔经济学奖。但是，模型是建立在一定的假设上的，金融市场数据并不一定能够满足这些假设，因此自 Black-Scholes 期权定价公式提出以来，许多学者致力于对这些假设进行改进，主要有以下几个方面：

（一）无交易成本假设的放松

Black-Scholes 期权定价公式中假设标的资产交易是没有成本的，但是 Black-Scholes 公式中要进行不断对冲，在对冲过程中需要不断调整标的资产的对冲数量，需要进行交易，但是在交易过程中，Black-Scholes 期权定价公式没有考虑交易成本，从而影响了定价公式可靠性。而且不同类型投资者的交易成本是不相同的，机构投资者由于交易量比较大，其交易成本往往会小于一般的散户投资者。为规避风险而进行的连续调整策略会由于巨额的交易成本而不可操作，现实中的投资策略一般采用离散时间交易来规避风险，在每一天或者一周调整一次头寸。又由于交易成本会使得合理的期权价格成为一个区间而不是单个数值，并且有许多理论上可以进行的策略在考虑交易成本的前提下变得不可行。

到目前为止，在放松交易成本假设下的拓展主要有两条路径：第一条是 HWW 模型，是由 Hoggard 等（1994）提出来的，他们仍然采用 Black-Scholes 模型的无套利和风险中性的定价框架，但是套期保值策略改成为定期的离散型对冲策略，得到的模型是一个非线性的偏微分方程；第二条是由 Hodges 和 Neuberger

（1987）等提出来的效用无差异定价方法，他们认为交易成本的存在已经动摇了风险中性的定价基础，因此必须重新引入投资者的风险偏好和效用函数来进行期权定价，但由于效用函数比较复杂，效用函数的形式难以确定，一定程度限制了这类方法的应用。

（二）波动率常数的假设改进

Black-Scholes 公式中设定波动率为常数，这与现实的金融数据有所不同。例如在期权市场中，根据市场上期权交易价格计算隐含波动率发现，隐含波动率会随着时间的变化而变化，即所谓的波动率微笑现象，同时波动率微笑现象还能发现股票的隐含波动率会随着期权执行价格的变化而变化，波动率期权结构则发现股票隐含波动率会随着期权到期时间的不同而不同。通常有两种思路来改善这个问题：其一是从期权价格的隐含波动率中获得及时波动率的信息，为同样标的资产的其他期权进行定价；其二是从标的资产价格的变动中获取波动率的信息，通过统计模型来预测波动率的信息。这方面有两种不同的统计方法：一种是用广义自回归条件异方差模型来估计标的资产的波动率，另一种是运用随机波动率模型，即假设标的资产价格服从一定的随机过程，波动率本身也用一个随机过程来描述。

越来越多的实证研究结果表明，股票价格收益率分布存在着显著的尖峰厚尾和非对称等特征。同时也可以看出，股票价格波动率并非常数，而具有时变性、波动聚集性等性质。所以，放松波动率为常数的假设，研究波动率的动态变化特性，能提升期权定价的准确性。当前国内外学者做了很多建设性的工作，研究工作大体可分为两大类：第一类是构建股票收益波动率的连续动态方程，认为波动率服从某个由布朗运动驱动的随机过程，典型的随机过程有 Hull 和 White（1987）、Scott（1987）、Heston（1993）、Dbates（1996）和 Scott（1997）建立了随机波动跳—扩散模型，能较好刻画出隐含波动率的"微笑"与"偏斜"效应。然而由于非交易的波动是不能任意用现存资产来复制的，因此，波动率方程自身的模型误定风险会复杂化期权定价问题。尽管从数学角度可以通过一些不现实的假设来简化波动风险模型，但金融实践中要用此模型计算出期权定价，仍然需要使用复杂的数量方法。第二类是利用时间序列分析中的广义条件自回归（GARCH）系列模型，构建股票价格波动率的离散动力系统。在某种意义上，GARCH 族模型可视为随机波动率模型的离散时间版本，其优点在于不必从同期其他期权推出隐含波动率，而是直接从股票的历史价格中得出收益波动率；此外由于波动率之间有自相关性，可以根据这种自相关关系进行波动率预测，从而增加期权的定价效果。Duan（1995）通过局部风险中性定价关系，建立了基于 GARCH 模型的离散时间序列的期权定价模型，Jong 和 Lehnert（2001）则认为 EGARCH 模型能较好地刻画不同期限的"波动率微笑"曲线，构建了一个估计指数期权局部波动率的 EGARCH 模型，并成功地解释和预测了实际的波动率。王健、李超杰、何建敏（2006）建立了有交易成本的 GARCH 扩散期权定价模型。Louis 和 WeiGuan（2008）对 GARCH 系列所有模型做了实证研究，发现 GARCH（1，1）和 TGARCH 模型在高波动的时间段内预测偏差特别大。Christoffersen 等（2014）基于 Duan（1995）的 GARCH 模型，分析了条件非正态分布和条件正态分布下的定价差异，发现前者的定价效果要好于后者。

（三）无风险利率常数的假设

对于无风险利率，Black-Scholes 公式中也假设成为常数，但无风险利率会受到国家政策、经济发展以及股票市场因素等的影响，会发生变化，用无风险利率常数假设下的 Black-Scholes 公式计算得到的结果会有所偏差，为此有文献假定无风险利率遵循布朗运动，提出了很多利率模型，如 Vasicek 模型、Ho-Lee 模型和 HJM 模型等，并在此基础上进行期权定价，得到多因素的期权定价模型。国内也有类似的文献，扈文秀（2006）等假设无风险利率服从 Ornstein-Uhlenbec

过程下讨论了期权的定价模型。随机无风险利率模型假设下会使期权定价模型变成多因素模型，增加模型中的待估计参数，Wilmott（2004）指出能否用布朗运动来描述无风险利率的变化值得商榷，也提出过用无风险利率的区间假设。2015年11月20日，中国人民银行决定采用常备借贷便利利率充当利率走廊上限，进一步完善了货币政策的流动性调控机制。中国人民银行金融研究所研究员牛慕鸿（2017）也指出，为了应对金融创新、金融对外开放等造成的货币数量冲击，我国货币政策逐步由数量型的调控政策向价格型的调控政策转换，采用利率走廊形式调控模式。利率走廊调控的核心思想是央行通过常用借贷便利（Standing Lending Facility，SLF）、中期借贷便利（Medium-term Lending Facility，MLF）等新型的货币调控手段，使得目标市场利率在利率走廊的利率上限和利率下限中变动。因此，在利率走廊背景下可以假设无风险利率在一个区间中变动，这个区间的端点可以分别选择为利率走廊上限和下限利率。同时由于信息的不充分性，即使在完备的市场，也很难得到金融衍生品价格的精确解，可以转向求衍生品的价格区间（韩立岩，2011）。如果能求出期权的合理价格区间，投资者可以借助于该价格区间进行风险控制，不会出现 2005～2009 年的权证疯狂炒作、投资者受损严重的情形。

三、本书解决的重点问题

由于 Black-Scholes 公式中的参数，如无风险利率和波动率都假设成为常数，与现实的金融数据不符合，因此要做一定的改进，本书就是在两者都是区间假设的情况下求期权的定价模型。

用数学的语言表示就是：假设股票价格 S 服从几何布朗运动：

$$dS = \mu S dt + \sigma S dz$$

但是，$\mu(t, S)$，$\sigma(t, S)$ 并不是常数，而是不断变化的。这里做区间假设，在这种假设情况下推导出期权的定价公式。很显然，由于做了区间假设，因此股票价格的变化轨迹更加不确定，难以求出金融衍生品价格的精确值，但是可以求出金融衍生品价格的最大值和最小值，也就是一个价格区间。因此要讨论的问题是求金融衍生品价格的最大值和最小值。

已知金融衍生品在未来到期日 T 的收益函数为 $h(S(T))$，那么衍生品价格函数 $V(S, x)$ 为：

$$V(t, S) = E\left[e^{-\int_t^T r(s)ds} h(S(T)) \mid F(t) \right]$$

$F(t)$ 为 t 时刻的信息集，那就是要求该泛函的最大值和最小值。数学中有很多求泛函的最大值和最小值问题的方法，其中比较常用的是最优控制理论，通过建立最优控制系统来求解该最值问题。

基于上述的研究结果，对 Black-Scholes 公式中标的资产价格波动率和无风险利率常数假设同时进行改进，假设两者分别在一个区间中变动。由于对标的资产价格波动率和无风险利率做了区间假设，不能求出期权价格的某个特定的值，但是加以控制，能够找到期权价格达到的上界和下界，也就是期权价格区间，因此求期权价格区间问题是一个极值问题，用随机最优控制理论求解。本书将讨论以下几个方面：①根据金融数据以及利率走廊的实际背景，提出了标的资产价格波动率和无风险利率在一个区间中变动的假设，这也被看作成对 Black-Scholes 期权定价公式中参数常数假定的一种改进。②期权定价模型得到的期权价格区间结果，与市场上期权存在的最高卖价和最低卖价误差较小，从而说明模型的实用性，同时价格区间结果有利于投资者进行风险控制，防止疯狂炒作期权的出现。③建立了一个最优控制框架，讨论了金融定价问题中的非线性偏微分方程。

第三节　随机最优控制理论简介

一、最优控制问题概述与解的存在性定理

最优控制理论是线代控制理论的核心。控制系统是一个"黑箱"，通过它可以将一个输入状态变成另一个输出状态，从而得到输入与输出之间的关系，所谓最优控制系统，是指在一定的具体条件下，完成所要求的具体任务时，系统的某些性能指标具有最优值。根据系统的不同用途，可以提出各种不同的性能指标。最优控制系统的设计，在于选择最优控制规律，以使得某一性能指标达到最大值或者最小值。一般来说，要使得一个系统达到某种预期的目的，控制方案是多种多样的，最优控制问题是要在多种方案中选出在某种意义下最优的控制方案，下面是最优控制问题的一般形式。

（一）最优控制问题

因为这里控制变量有随机性，因此控制问题是随机控制问题，随机控制问题和确定性控制问题的差别在于变量状态是一个扩散系统，系统中有许多影响机制的状态变量，还有一些约束条件和待优化的性能指标泛函，随机最优控制的任务就是要在满足所有约束的情形下选择最优解最优化性能指标泛函。

考虑如下随机微分系统：

$$\begin{cases} dS(t) = b(t, \ S(t), \ u(t))dt + \sigma(t, \ S(t), \ u(t))dZ(t) \\ S(0) = S_0 \in R^n \end{cases}$$

目标泛函为：

$$J(x(\cdot),\ u(\cdot)) = \int_0^T f(t,\ x(t),\ u(t))dt + h(x(T))$$

其中，$b：[0,\ T] \times R^n \times U \to R^n$，$\sigma：[0,\ T] \times R^n \times U \to R^{n \times m}$，$u(t)$ 称为控制函数，表示变量的行为的选择和决策。控制函数只能在一定的控制集中选取，可行控制集可写为：

$$\mathscr{U}[0,\ T] = \{u：[0,\ T] \to U \mid u\ 可测\}$$

同时可以对状态变量添加控制条件。

那么，最优控制问题（D）可以写成：要寻找可行对 $(\bar{x}(\cdot),\ \bar{u}(\cdot)) \in P_{ad}[0,\ T]$，$P_{ad}[0,\ T]$ 为允许对集，使得目标性能指标泛函 $J(x(\cdot),\ u(\cdot))$ 有：

$$J(\bar{x}(\cdot),\bar{u}(\cdot)) = \inf_{(x(\cdot),u(\cdot)) \in P_{ad}[0,T]} J(x(\cdot),\ u(\cdot))$$

满足上式的任何一对 $(\bar{x}(\cdot),\ \bar{u}(\cdot)) \in P_{ad}[0,\ T]$ 称为最优对，而相对应的 $\bar{x}(\cdot),\ \bar{u}(\cdot)$ 称为最优状态轨线和最优控制，沿着最优轨迹 $\bar{x}(t)$，使得性能指标泛函 J 所达到的最优值，称为最优指标 $\bar{J}$。由于状态变量 $x(\cdot)$ 也决定于控制函数 $u(\cdot)$，以后也将性能指标泛函 $J(x(\cdot),\ u(\cdot))$ 写成为 $J(u(\cdot))$。

状态方程是描述被控对象动态行动的模型，可以是一个常微分方程组或者一个偏微分方程组。状态方程是常微分方程组的系统称为集中参数系统，状态方程是偏微分方程组的系统称为分布参数系统。

如果按照最优控制问题的性能指标泛函类型分类，可以分为以下三类：

1. Lagrange 问题

如果考虑的问题只对状态在 $[0,\ T]$ 时间段内状态和控制状况都有关系，例如希望在 $[0,\ T]$ 时段内能使状态轨线接近于某一条给定的轨线，而同时花费的能量要最小，则性能指标泛函的形式为如下积分形式：

$$J(u(\cdot)) = \int_0^T f(t, x(t), u(t)) dt$$

称为 Lagrange 问题。

2. Mayer 问题

如果所考察的问题中只是关注状态在最后时刻 $t=T$ 时的情形，此时性能指标泛函写为：

$$J(u(\cdot)) = h(x(T))$$

其中，$h: R^n \rightarrow R$ 是已知的映射，那么称为 Mayer 问题。这种性能指标只对系统在动态过程结束时的终端条件 $x(T)$ 提出了要求，而对于整个过程中的系统状态和控制的演变则不作任何要求，在衍生品定价问题中经常遇见。

3. Bolza 问题

如果性能指标函数的形式为如下复合型形式：

$$J(u(\cdot)) = \int_0^T f(t, x(t), u(t)) dt + h(x(T))$$

则称为 Bolza 问题。这一性能指标对控制过程和终端状态均有要求，是上述两种性能指标形式的综合，是一般的性能泛函形式。通过引进一些辅助变量，可以使得上述三种问题相互转换。

（二）解的存在性定理

并不是所有的最优控制问题（D）都存在最优对 $(\bar{x}(\cdot), \bar{u}(\cdot))$，但是在满足下列条件的最优控制问题时则存在最优对。

（B1）. U 是一个紧度量空间，$S_0 \subseteq R^n$，并且终值时间 $T>0$。

（B2）. 函数：b, σ, f, h 都是连续的，并且存在一个常数 $L>0$ 以及一个函数 $\varphi(\cdot) \in L^p(0, T; R)(p>1)$ 使得对于所有的 b, σ, f, h（用 φ 表示）都

满足:

$$\begin{cases} |\varphi(t, x, u) - \varphi(t, \widehat{x}, u)| \leq L|x - \widehat{x}| \\ \forall t \in [0, T], \ x, \widehat{x} \in R^n, \ u \in U \\ |\varphi(t, 0, u)| \leq L \quad \forall (t, u) \in [0, T] \times U \end{cases}$$

（B3）．函数：$b: [0, T] \times R^n \times \Omega \to R^n$ 满足如下的 *Filippov-Roxin* 条件：对几乎所有的 $t \in [0, T]$，以下集合对任何 $x \in R^n$ 都是凸的：

$$b(t, x, \Omega) = \{ b(t, x, \Omega) | x \in \Omega \}$$

（B4）．设函数 $f: [0, T] \times R^n \times \Omega \to R$ 是 Borel 可测函数，且关于 $x \in R^n$ 下半连续；$h: R^n \to R$ 下半连续，进一步地，存在常数 $L > 0$，使得

$$f(t, x) > -L, \quad h(x) > -L, \quad \forall (t, x) \in [0, T] \times R^n$$

则关于最优控制问题（D）最优对存在性有如下定理：

定理 1-1：设（B1）~（B4）都成立，$P_{ad}[0, T] \neq \varnothing$，那么问题（D）至少有一个最优对。

二、变分法

解决最优控制问题的最古老方法是变分法。1630 年由伽利略提出的"最速降线"问题是最早出现的变分问题，60 年后伯努利解决了这个问题，直到 17 世纪末，变分法才逐渐发展成为一个独立的数学分支。变分法研究泛函的极值问题，在自然和社会科学的很多问题中都得到了非常广泛的应用。最优控制的目标函数 $J(u)$ 的取值，依赖于定义在区间 $[0, T]$ 上的输入函数 $u(t)$，即最优控制的目标函数。最优控制问题就是求控制策略，使得目标泛函最大或者最小，可以用变分法求解。变分法可以处理很多情形的最优控制问题，这里只选取最简单的变分问题。求一个函数 $x(t)$，$0 \leq t \leq T$，满足

$$x(0) = x_0, \ x(T) = x_1$$

并且使目标泛函

$$J(x) = \int_0^T f(x,\ \dot{x},\ t)\,dt$$

取到最小（最大）值。

利用变分法可以推出函数 $x(t)$ 满足的必要条件，即欧拉方程：

$$\frac{\partial f}{\partial x} - \frac{d}{dt}\left(\frac{\partial f}{\partial \dot{x}}\right) = 0$$

它的展开式为：

$$\frac{\partial^2 f}{\partial \dot{x}^2}\ddot{x} + \frac{\partial^2 f}{\partial x \partial \dot{x}}\dot{x} + \frac{\partial^2 f}{\partial t \partial \dot{x}} - \frac{\partial f}{\partial x} = 0$$

三、Bellman 动态规划原理

变分法是求最优控制问题的一种方法，能处理很多情形下的最优控制问题，但有一定局限性。首先古典变分法研究的问题往往没有约束条件，或者只带有开集性的约束条件，而在最优控制问题中却常常带有闭集性的约束条件，如控制函数 $|u(t)| \leq M$，对于这样的问题就不能处理了。因为与闭区间上的一元函数一样，判断它在两个端点上是否取到极值时，不能简单应用一阶导数等于 0 这个条件。其次采用古典变分法时，要求函数 b 以及约束条件函数 F 有足够的可微性，难以满足 $\dfrac{\partial F}{\partial u}$ 的存在性。因此，必须寻找其他的方法来解决最优控制问题，为此贝尔曼（Bellman）在 20 世纪 50 年代提出了此动态规划原理，开始的目的在于简化由计算机求解的多级决策问题，但时至今日在许多领域获得了广泛的应用。动态规划原理的建立依赖于两个基本原理，一个是不变嵌入原理，另一个是 Bellman 最优性原理。

考虑如下控制系统：

$$\begin{cases} dx(t) = b(t,\ x(t),\ u(t))dt + \sigma(t,\ x(t),\ u(t))dZ(t) \\ x(0) = x_0 \in R^n \end{cases}$$

控制函数 $u(\cdot)$ 是在下面的控制集中选取：

$$u(\cdot) \in \mathscr{U}[0,\ T] = \{u(\cdot): [0,\ T] \to \Omega \mid u(\cdot) 可测\}$$

其中，映射 $b: [0,\ T] \times R^n \times \Omega \to R^n$，性能指标泛函为：

$$J(u(\cdot)) = \int_0^T f(t,\ x(t),\ u(t))dt + h(x(T))$$

那么最优控制问题（D）可以描述为：

在控制集 $u \in \mathscr{U}[0,\ T]$ 中寻找一个函数，使得上述性能指标泛函为最小。

在上面的框架下，初始时间 $t = 0$ 和初始状态 $x(0) = x_0$ 都是固定的。根据 Bellman 提出的动态规划原理，其考虑一系列最优控制问题，它们具有不同的初始时间和初始状态，这一系列问题相互之间是按照时间的推移而紧密地联系在一起的。因此重置问题（D），使之具有不同的初始时间和初始状态 $(t,\ x) \in [0,\ T] \times R^n$，为此引进如下的控制系统：

$$\begin{cases} dx(t) = b(t,\ x(t),\ u(t))dt + \sigma(t,\ x(t),\ u(t))dZ(t) \\ x(t) = x \in R^n \end{cases} \qquad (1-1)$$

控制函数是在下面的控制集中选取：

$$u(\cdot) \in \mathscr{U}[t,\ T] = \{u(\cdot): [t,\ T] \to \Omega \mid u(\cdot) 可测\}$$

性能指标泛函为：

$$J(t,\ x;\ u(\cdot)) = E\left\{\int_t^T f(s,\ x(s),\ u(s))ds + h(x(T))\right\} \qquad (1-2)$$

那么最优控制问题就可以如下描述：问题（D_{tx}）如果 $(t,\ x) \in [0,\ T] \times R^n$，当控制函数 $u(t)$ 在控制集 $\mathscr{U}[t,\ T]$ 中时，在满足控制系统（1-1）的条件下，求性能指标泛函（1-2）的最小值。上述问题给出了参数 $(t,\ x) \in [0,\ T] \times R^n$ 满足的控制系统，原来的最优控制问题（D）就嵌入到问题（D_{tx}）中，可以取 $t = 0$，$x = x_0$。由定理（1-1），对于系统（1-1），在满足一定的条件下，存在

控制函数 $\overline{u}(\,\cdot\,)\in\mathscr{U}[\,t,\ T\,]$，使得：

$$J(\overline{u}(\,\cdot\,))=\inf_{u\in\mathscr{U}}J(u(\,\cdot\,);\ t,\ x)$$

因此可以定义如下函数：

$$\begin{cases} V(t,\ x)=\inf_{u\in\mathscr{U}}J(u(\,\cdot\,);\ t,\ x) & \forall\,(t,\ x)\in[\,0,\ T\,]\times R^n \\ V\,|_{\,t=T}=h(x) & \forall\,x\in R^n \end{cases}$$

称上述函数为原来问题（D_{tx}）的值函数，该值函数在讨论动态规划中具有相当重要的作用。

下面来找出值函数 V 所满足的条件。为了方便，先列出如下假设条件：

（D1）．$(\Omega,\ d)$ 是一个可分度量空间，并且终值时间 $T>0$。

（D2）．这里涉及的一些映射，b：$[\,0,\ T\,]\times R^n\times\Omega\rightarrow R^n$，以及 f：$[\,0,\ T\,]\times R^n\times$ $\Omega\rightarrow R$，h：$R^n\rightarrow R$ 都是一致连续的，并且存在一个常数 $L>0$ 以及一个连续模 $\overline{w}$：$\overline{w}$：$[\,0,\ +\infty\,)\rightarrow[\,0,\ +\infty\,)$，使得对于映射 $\varphi(t,\ x,\ u)=b(t,\ x,\ u)$，$h(x)$，$\sigma(x)$，$f(t,\ x,\ u)$ 有：

$$\begin{cases} |\,\varphi(t,\ x,\ u)-\varphi(t,\widehat{x},\widehat{u})\,|\leqslant L\,|\,x-\widehat{x}\,|+d(u,\widehat{u}) \\ \forall\,t\in[\,0,\ T\,],\ x,\widehat{x}\in R,\ u,\widehat{u}\in\Omega, \\ |\,\varphi(t,\ 0,\ u)\,|\leqslant L \quad \forall\,(t,\ u)\in[\,0,\ T\,]\times\Omega \end{cases}$$

（D3）．假设映射 b：$[\,0,\ T\,]\times R^n\times\Omega\rightarrow R^n$，以及 f：$[\,0,\ T\,]\times R^n\times\Omega\rightarrow R$，$h$：$R^n\rightarrow R$ 都对 x 是 C^1 的，而且存在一个连续模 $\overline{w}$：

$\overline{w}$：$[\,0,\ +\infty\,)\rightarrow[\,0,\ +\infty\,)$，使 $\varphi(t,\ x,\ u)=b(t,\ x,\ u)$，$h(x)$，$\sigma(x)$，$f(t,\ x,\ u)$ 有：

$$|\,\varphi_x(t,\ x,\ u)-\varphi_x(t,\widehat{x},\widehat{u})\,|\leqslant\overline{w}\,|\,x-\widehat{x}\,|+d(u,\widehat{u})$$

$$\forall\,t\in[\,0,\ T\,],\ x,\widehat{x}\in R^n,\ u,\widehat{u}\in\Omega$$

（D4）．假设区域 Ω 是凸的，而且映射 $b(t,\ x,\ u)$ 和 $f(t,\ x,\ u)$ 对 u 满足局部的 Lipschits 连续。

首先根据 Bellman 动态规划原理可以得到如下定理：

定理1-2：设条件（D1）～（D4）成立，则对于任意 $(t, x) \in [0, T] \times R^n$ 都有：

$$V(t, x) = \inf_{u \in \mathscr{U}} \left\{ \int_t^{\bar{t}} f(s, u(s)) ds + V(\bar{t}, x(\bar{t}; t, x, u(\cdot))) \right\} \qquad (1-3)$$

$$\forall t_0 \leq t \leq \bar{t} \leq T_\circ$$

这个定理刻画了一个基本的原理：总体最优必然局部最优。虽然式（1-3）给出了值函数的表达形式，但仍然很复杂，不能将值函数求出来，在假设值函数连续可微的情况下，能够得到如下偏微分方程。

定理1-3：设条件（D1）～（D4）成立，且值函数 $V(t, x) \in C^2([0, T] \times R^n)$，那么 $v = V$ 满足如下的二阶偏微分方程终值问题：

$$\begin{cases} -v_t(t, x) + \sup_{u \in \Omega} G(t, x, u, -v_x(t, x), -v_{xx}(t, x)) = 0 & (t, x) \in [0, T] \times R^n \\ v \big|_{t=T} = h(x) & x \in R^n \end{cases}$$

$$(1-4)$$

其中 G 定义为：

$$G(t, x, u, p, P) = \frac{1}{2} tr(P\sigma(t, x, u)\sigma(t, x, u)^T) + <p, b> - f$$

$$(t, x, u, p) \in [0, T] \times R^n \times \Omega \times R^n$$

称上述终值问题是原来问题 (D_{tx}) 的 Hamilton-Jacobi-Bellman 方程，其中 G 称为 Hamilton 函数。

四、Hamilton-Jacobi-Bellman 方程解的正则性理论

由最优控制理论可以知道，值函数 $V(t, x)$ 在动态规划中占有很重要的地位。

在满足下列两个假设的条件下：①$V(t, x) \in C^1([0, T] \times R^n)$，②Hamilton-

Jacobi-Bellman 方程具有唯一的经典解，值函数 $V(t, x)$ 可以由 Hamilton-Jacobi-Bellman 方程（1-4）来刻画。但一般情况下值函数 $V(t, x)$ 很难同时满足上述两个假设，即使系统和性能指标泛函所涉及的一切函数都很光滑，最优控制系统的值函数仍有可能不满足上面两个条件，从而可以认为上述的两个假设条件是比较苛刻的，因此有必要引进一种解，这种解满足上述的 Hamilton-Jacobi-Bellman 方程，同时具有唯一性。基于此，Lions（1982）引入了如下定义的黏性解，黏性是借助于物理中的概念。

函数 $v \in C([0, T] \times R^n)$ 称为方程（1-4）的一个黏性下解（Viscosity Subsolution），如果：

$$v(x, T) \leqslant h(x), \quad \forall x \in R^n$$

而且对任何 $\varphi \in C^1([0, T] \times R^n)$ 只要 $v-\varphi$ 在某点 $(t, x) \in [0, T] \times R^n$ 达到极大值，便成立：

$$-v_t(t, x) + \sup_{u \in \Omega} G(t, x, u, -v_x(t, x), -v_{xx}(t, x)) \leqslant 0$$

类似地，函数 $v \in C([0, T] \times R^n)$ 称为上式的一个黏性上解（Viscosity Supersolution），如果：

$$v(x, T) \geqslant h(x), \quad \forall x \in R^n$$

而且对任何 $\varphi \in C^1([0, T] \times R)$ 只要 $v-\varphi$ 在某点 $(t, x) \in [0, T] \times R^n$ 达到极小值，便成立：

$$-v_t(t, x) + \sup_{u \in \Omega} G(t, x, u, -v_x(t, x), -v_{xx}(t, x)) \geqslant 0$$

如果函数 v 既是黏性上解也是黏性下解，那么就称 v 是黏性解。当然对于黏性解的定义还可以利用上下微分的概念，在此省略。

定理 1-4: 假设条件（D1）~（D4）成立，那么值函数 $V(t, x)$ 则为 Hamilton-Jacobi-Bellman 方程（1-4）的一个黏性解。

如果黏性解具有连续的二阶导函数，那么这个黏性解就是经典解，因此有如下定理：

定理 1-5：设 $v \in C([0, T] \times R^n)$，则 v 是 Hamilton-Jacobi-Bellman 方程 (1-4) 经典解的充分必要条件是 $v \in C^1([0, T] \times R^n)$，而且 v 是黏性解。

这个定理给出了经典解与黏性解的关系。从定理可知，如果能够得到 Hamilton-Jacobi-Bellman 方程的黏性解，那么其中具有连续一阶导数的解就是经典解，给出了一种求经典解的方法，关于黏性解的唯一性有如下定理：

定理 1-6：如果函数 $G: [0, T] \times R^n \times R^n \rightarrow R$ 以及 $h: R^n \rightarrow R$ 连续，且存在连续函数 $\overline{w}: [0, +\infty) \times [0, +\infty) \rightarrow [0, +\infty)$，关于每个变量单调不减，且对于任何 $t \geqslant 0$，$\overline{w}(t, 0) = 0$ 使得：

$$\begin{cases} |G(t, x, p) - G(t, x, q)| \leqslant L(1 + |x|)|p - q| \\ |G(t, x, p) - G(t, \overline{x}, p)| \leqslant \overline{w}(|x| \vee |\hat{x}|, |x - \hat{x}|(1 + |p|)) \\ \forall t \in [0, T] \end{cases}$$

那么方程 (1-4) 有唯一的黏性解。

下面来观察黏性解对参数的依赖性。讨论一组由 $\varepsilon \in [0, 1]$ 参数化的最优控制问题，那么相应的性能指标函数以及终值条件函数也被 $\varepsilon \in [0, 1]$ 参数化，分别记为：b^ε，f^ε，h^ε，σ^ε，与之对应的控制问题记为 D_{tx}^ε，值函数记为 V^ε，则有如下定理。

定理 1-7：假设条件 (D1)～(D4) 对 b^ε，f^ε，h^ε，σ^ε 在 $\varepsilon \in [0, 1]$ 一致成立，且有：

$$\lim_{\varepsilon \to 0} |\varphi^\varepsilon(t, x, u) - \varphi^0(t, x, u)| = 0$$

在区域 $(t, u) \in [0, T] \times \Omega$ 一致成立，其中 $\varphi^\varepsilon = b^\varepsilon$，$f^\varepsilon$，$h^\varepsilon$，$\sigma^\varepsilon$，那么：

$$\lim_{\varepsilon \to 0} V^\varepsilon(t, x) = V^0(t, x) = V(t, x)。$$

从而说明黏性解有参数连续性。综上，证明了 Hamilton-Jacobi-Bellman 方程的解存在正则性。

第二章 波动率区间假设下的
期权定价模型

第一节 模型假设基础

一、股票价格波动率估计

股票价格波动率是衡量股票收益率的不确定性，也是 Black-Scholes 期权定价公式中非常重要的变量，其他变量基本可以直接得到，但是波动率不能直接得到，于是学界提出了很多测量波动率的方法，通常有历史波动率方法和随机波动率方法，如 GARCH 模型等，下面来计算标的资产波动率，同时得到书中模型的假设基础，也就是假设波动率是在一个区间中变动的。

（一）历史波动率方法

求股票历史波动率方法比较简单，只需计算标的资产收益率的样本标准差。

先计算标的资产对数收益率：

$$u_i = \ln\left(\frac{S_i}{S_{i-1}}\right)$$

其中：S_i 表示第 i 个观察日标的资产价格，那么标的资产收益的历史波动率为：

$$s = \sqrt{\frac{1}{n-1}\sum_{i=1}^{n}(u_i - \bar{u})^2}$$

或者写成为：

$$s = \sqrt{\frac{1}{n-1}\sum_{i=1}^{n}u_i^2 - \frac{1}{n(n-1)}\left(\sum_{i=1}^{n}u_i\right)^2}$$

其中，$\bar{u}$ 为 u_i 的平均数，年化波动率为 $\sigma = s/\sqrt{\tau}$。τ 为时间的长度，以年为单位。

一般来讲，数据越多，波动率的估计会越精确，但是由于以往的历史数据对于将来波动率的影响并不是很大，因此在计算期权价格公式中，样本容量 n 的选择有两种方法。一种方法是用最近 90~180 天的数据计算标的资产的波动率，另一种方法是 n 与期权的有效期相同。例如，要计算两年期的期权价格，一般采用的是两年的历史波动率。下面选取上证 50ETF 从 2005 年 2 月 23 日到 2020 年 4 月 30 日的数据，沪深 300 指数从 2005 年 1 月 4 日到 2020 年 4 月 30 日的数据和玉米期货连续行情从 2013 年 8 月 19 日到 2020 年 4 月 30 日的数据，剔除节假日得到的样本容量分别是 3696 个、3727 个和 1635 个。下面计算滚动一年时间的历史波动率，得到的数据图像如图 2-1 至图 2-3 所示。

可以看出，上证 50ETF 和沪深 300 指数的波动率的走势基本相同，上证 50ETF 的波动率范围为 10%~50%，沪深 300 指数的波动率范围也为 10%~50%，与 John（2018）的结果（10%~60%）差不多，玉米期货的波动率范围为 6%~45%，略微比股票指数波动率小一些，但无论如何，计算出来的波动率都在一个区间中，这也是本书波动率区间假设的基础。

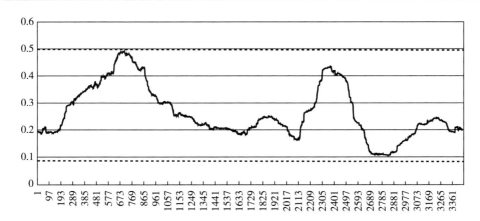

图 2-1   上证 50ETF 波动率

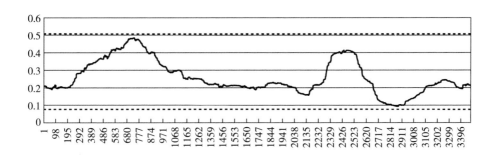

图 2-2   沪深 300 指数波动率

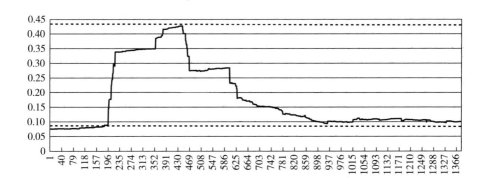

图 2-3   玉米期货连续波动率（历史波动率法）

（二）加权波动率

但是，历史波动率的计算假设所有日期对未来波动率的影响比重都是相等的，然而越近日期的价格对波动率的影响程度越要大于以前的日期，因此要对日期的比重进行加权处理，这里假设收益率的均值等于零，也就是 $\frac{1}{n}\sum_{i=1}^{n}u_i=0$，则简化后得到的波动率公式为：

$$\sigma_n^2 = \frac{1}{n}\sum_{i=1}^{n}u_{n-i}^2$$

在上面的公式中，假设所有的日期对波动率的贡献是相同的。但要估计当前的波动率，需要对目前较近的日期赋予更高的权重，因此模型可以写为：

$$\sigma_n^2 = \sum_{i=1}^{n}\alpha_i u_{n-i}^2$$

其中，α_i 为前 i 天标的资产观察值对应的权重，而且 $i<j$，那么 $\alpha_i>\alpha_j$，同时权重必须保持等于 1，也就是：

$$\sum_{i=1}^{n}\alpha_i = 1$$

（三）指数加权移动平均模型（EWMA）

指数加权移动平均模型是由摩根大通公司于 1994 年引进的，因为其需要的参数比较少，因此受到欢迎。其出发点还是将越近日期的波动率赋予越高的权重，公式为：

$$\sigma_n^2 = \lambda\sigma_{n-1}^2 + (1-\lambda)u_{n-1}^2$$

其中，λ 是一个 0~1 中的常数，这种方法的好处体现了日期的权重是以指数的级别下降的。为说明这点，进行下面的迭代过程：

$$\sigma_n^2 = \lambda\sigma_{n-1}^2 + (1-\lambda)u_{n-1}^2 = \lambda\left[\lambda\sigma_{n-2}^2 + (1-\lambda)u_{n-2}^2\right] + (1-\lambda)u_{n-1}^2$$

$$= (1-\lambda)(u_{n-1}^2 + \lambda u_{n-2}^2) + \lambda^2\sigma_{n-2}^2$$

一直迭代下去可得：

$$\sigma_n^2 = (1 - \lambda) \sum_{i=1}^{k} \lambda^{i-1} u_{n-i}^2 + \lambda^k \sigma_{n-k}^2$$

从第一项可以看出，由于 λ 是一个 $0\sim1$ 中的常数，因此 u_i^2 的权重是 λ^i，随着时间推移，波动率的改变呈现指数级下降。

摩根大通公司的论文中是选取 $\lambda = 0.94$ 来更新波动率的计算过程，发现对于许多市场变量，这种方法与实际方差误差较小。

下面选取 $\lambda = 0.94$ 来计算上证 50ETF、沪深 300 指数和玉米期货的波动率，结果如图 2-4 至图 2-6 所示。

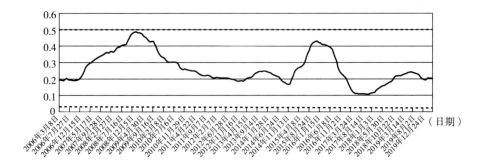

图 2-4 上证 50ETF 波动率（指数加权法）

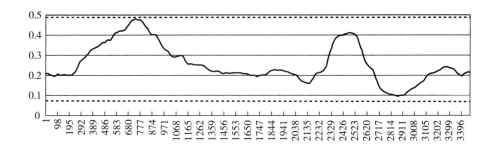

图 2-5 沪深 300 指数波动率（指数加权法）

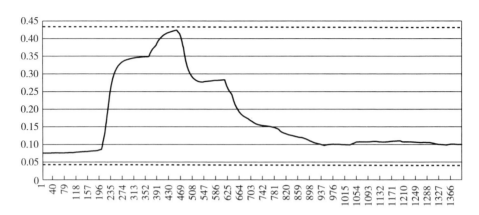

图 2-6　玉米期货连续的波动率（指数加权法）

可以看出，与历史波动率相比，后者更加平滑一些，但是波动率的范围并没有发生明显的变化，相对于股票价格指数来讲，商品期货的波动率稍微小一些。

（四）GARCH 族模型方法

Engle（1982）提出了自回归条件异方差（ARCH）模型，被广泛应用于金融时间序列中，是金融时间序列刻画波动率的基本模型。ARCH 模型的核心思想是，虽然误差项之间没有相关关系，但是误差项在时刻 t 的方差依赖于时刻 $(t-1)$ 的误差平方的大小，因此在 ARCH 建模的过程中，要涉及两个核心的回归模型，即股票收益率的回归模型（通常称为均值回归模型）以及方差的回归模型（方差回归模型）。

ARCH（1）模型是最简单的条件异方差模型，可以写成：

$$\begin{cases} y_t = x_t'\varphi + u_t, \quad u_t \sim N(0, \ \sigma_t^2) \\ \sigma_t^2 = E(u_t^2 \mid u_{t-1}) = \alpha_0 + \alpha_1 u_{t-1}^2 \end{cases}$$

其中，u_t 表示无序列相关的随机扰动项。ARCH（1）模型的乘法形式为：

$$\begin{cases} y_t = x_t'\varphi + u_t, & u_t \sim N(0,\ \sigma_t^2) \\ u_t = v_t\sqrt{h_t}, & v_t \sim N(0,\ 1) \\ h_t = \alpha_0 + \alpha_1 u_{t-1}^2 \end{cases}$$

可以看出，ARCH 模型克服了金融时间序列中常遇到的异方差现象，而且收益率的方差代表了金融资产的波动率，因此 ARCH 模型被广泛应用于金融风险评估和资产定价中，Engle 也由于 ARCH 模型以及相关工作获得了 2003 年诺贝尔经济学奖。将 ARCH（1）模型推广到 p 阶的形式得到 ARCH（p）模型：

$$\begin{cases} y_t = x_t'\varphi + u_t, & u_t \sim N(0,\ \sigma_t^2) \\ \sigma_t^2 = E(u_t^2 \mid u_{t-1},\ u_{t-2},\ \cdots,\ u_{t-p}) \\ \quad\ = \alpha_0 + \alpha_1 u_{t-1}^2 + \cdots + u_{t-p}^2 \end{cases}$$

由此可以得到无条件期望方差为：

$$\sigma_t^2 = E(u_t^2) = \frac{\alpha_0}{1 - \alpha_1 - \cdots - \alpha_p}$$

在 ARCH（p）模型的回归估计中，因为长记忆性等原因，常常需要很多的滞后期才能够得到很好的拟合效果，因此需要估计很多参数，影响了模型的简洁性。Bollerselv（1986）根据 AR 模型和 MA 模型之间的联系，AR（1）模型与 MA(∞) 是等价的，得到推广的条件异方差模型（GARCH 模型），常用的推广条件异方差模型为 GARCH（1，1）模型：

$$\begin{cases} y_t = x_t'\varphi + u_t, & u_t \sim N(0,\ \sigma_t^2) \\ \sigma_t^2 = \alpha_0 + \alpha_1 u_{t-1}^2 + \beta_1 \sigma_{t-1}^2 \end{cases}$$

根据方差方程：

$$\sigma_t^2 = \alpha_0 + \alpha_1 u_{t-1}^2 + \beta_1 \sigma_{t-1}^2$$

$$\Rightarrow (1 - \beta_1 L)\sigma_t^2 = \alpha_0 + \alpha_1 u_{t-1}^2$$

$$\Rightarrow \sigma_t^2 = \frac{\alpha_0}{1 - \beta_1} + \alpha_1 u_{t-1}^2 + \alpha_1 \beta_1 u_{t-2}^2 + \alpha_1 \beta_1^2 u_{t-3}^2 + \cdots$$

可以看出 GARCH(1，1) 模型可以写成 ARCH(∞) 的形式，因此 GARCH 模型一般情况下比 ARCH(p) 模型要精确，而且待估计的参数也少。同时也可以看出 u_{t-i}^2 的权重为 $\alpha_1\beta_1^{i-1}$，权重以 β_1 的指数速度下降，与前面的 EWMA 模型有着同样的效果，也就是离现在越远日期的波动对现在波动率的影响比重是逐渐减少的。

很自然可以将 GARCH(1，1) 模型推广到多阶的情形，得到 GARCH(p，q) 模型：

$$\begin{cases} y_t = x'_t\varphi + u_t, \ u_t \sim N(0, \sigma_t^2) \\ \sigma_t^2 = \alpha_0 + \sum_{i=1}^{p} \alpha_i u_{t-i}^2 + \sum_{j=1}^{q} \beta_j \sigma_{t-j}^2 \end{cases}$$

无条件期望方差为：

$$\sigma_t^2 = E(u_t^2) = \frac{\alpha_0}{1 - \sum(\alpha_i + \beta_i)}$$

因此模型的约束条件为：

$$\sum(\alpha_i + \beta_i) < 1$$

否则无条件方差的值为负。

下面考虑其他 GARCH 模型。在很多情况下，一种金融资产的收益率常常与投资风险紧密相关，因此 Engle 等 (1987) 提出了 GARCH-in-Mean 模型，他们认为投资的风险越高，要求获得的收益就越高，否则没有人愿意去承担这种风险，因此在均值模型中需要加入波动率的因素：

$$\begin{cases} y_t = x'_t\varphi + \gamma\sigma_t^2 + u_t, \ u_t \sim N(0, \sigma_t^2) \\ \sigma_t^2 = \alpha_0 + \alpha_1 u_{t-1}^2 + \beta_1 \sigma_{t-1}^2 \end{cases}$$

可以看到均值方程中增加了衡量风险程度的变量 σ_t^2，其前面的系数 γ 反映了风险溢价程度，一般认为 $\gamma>0$，即风险越大，要求的投资收益率也越高。

在金融市场上，负面的冲击造成的影响往往大于正面的冲击，也就是金融市场中的不对称性，但是在 GARCH(p，q) 模型中，$u_{t-i}^2 = (-u_{t-i})^2 = (u_{t-i})^2$，不能分辨出正冲击和负冲击, 因此提出了非对称的 GARCH 模型, 其中比较典型的有 Glosten (1993) 研究的 TGARCH 模型, 主要是利用虚拟变量来设置一个门限, 用来区分正的和负的波动性影响, 改进了 GARCH 模型不能区分金融市场冲击的正负性, 下面是只包含一个门限的 TGARCH 模型:

$$
\begin{cases}
y_t = x'_t\varphi + u_t, & u_t \sim N(0, \sigma_t^2) \\
\sigma_t^2 = \alpha_0 + \alpha_1 u_{t-1}^2 + \alpha'_1 u_{t-1}^2 \rho_{t-1} + \beta_1 \sigma_{t-1}^2
\end{cases}
$$

其中, $\rho_{t-1} = \begin{cases} 0, & u_{t-1} \geqslant 0 \\ 1, & u_{t-1} < 0, \end{cases}$ 是一个指示函数, 这样方差方程中考虑了不同正负

值对于条件波动率的影响。根据指示函数的性质, TGARCH 中的方差方程可以直接写为:

$$
\sigma_t^2 = \begin{cases}
\alpha_0 + \alpha_1 u_{t-1}^2 + \beta_1 \sigma_{t-1}^2, & u_{t-1} \geqslant 0 \\
\alpha_0 + (\alpha_1 + \alpha'_1) u_{t-1}^2 + \beta_1 \sigma_{t-1}^2, & u_{t-1} < 0
\end{cases}
$$

可以看出, 如果 $\alpha'_1 \neq 0$, 那么存在杠杆效应。将一个门限的 TGARCH 模型推广到多个门限的 TGARCH 模型为:

$$
\begin{cases}
y_t = x'_t\varphi + u_t, & u_t \sim N(0, \sigma_t^2) \\
\sigma_t^2 = \alpha_0 + \sum_{i=1}^{p} \alpha_i u_{t-i}^2 + \sum_{r=1}^{k} \alpha'_r u_{t-r}^2 \rho_{t-r} + \sum_{j=1}^{q} \beta_j \sigma_{t-j}^2
\end{cases}
$$

但是 TGARCH 中的方差方程中不一定能够保证计算出来的结果是正数, 因此 Nelson (1991) 提出了另外一种非对称的 GARCH 模型, 也就是 EGARCH 模型, 该模型的全称为 "Exponential GARCH", 即指数型 GARCH 模型, 其方差等式分析的不是 σ_t^2, 而是 $\ln\sigma_t^2$, 同时使用均值等式的扰动项和扰动项的绝对值与标准差之比来捕捉正负冲击给波动性带来的非对称影响。

$$
\begin{cases}
y_t = x'_t\varphi + u_t, & u_t \sim N(0, \sigma_t^2) \\
\ln\sigma_t^2 = \alpha_0 + \theta \dfrac{u_{t-1}}{\sigma_{t-1}} + \alpha_1 \dfrac{|u_{t-1}|}{\sigma_{t-1}} + \beta\ln\sigma_{t-1}^2
\end{cases}
$$

从 EGARCH 的形式可以看出，虽然不能保证 $\ln\sigma_t^2$ 一定是正数，但是方差 $\sigma_t^2 = EXP(\ln\sigma_t^2)$ 的值肯定是正的。同样 EGARCH 中的方差方程也可以直接写为：

$$\ln\sigma_t^2 = \begin{cases} \alpha_0 + (\alpha_1 + \theta)\dfrac{|u_{t-1}|}{\sigma_{t-1}} + \beta\ln\sigma_{t-1}^2, & u_{t-1} > 0 \\[4mm] \alpha_0 + (\alpha_1 - \theta)\dfrac{|u_{t-1}|}{\sigma_{t-1}} + \beta\ln\sigma_{t-1}^2, & u_{t-1} < 0 \end{cases}$$

可以看出，$\theta\dfrac{u_{t-1}}{\sigma_{t-1}}$ 决定了条件方差是否具有非对称效应，如果 $\theta = 0$，那么不存在非对称效应，说明股票收益率不会随着利空、利好的消息出现不同的反应；如果 $\theta < 0$，那么认为利空消息相对于利好消息对股票收益率的影响更加大一些，也就说明了不对称效应的存在。

下面利用 GARCH 族模型求标的资产的波动率，先做出上证 50ETF 收益率图，如图 2-7，并对其进行描述性统计，结果如图 2-8 所示（数据处理通过 EViews10 软件进行）。

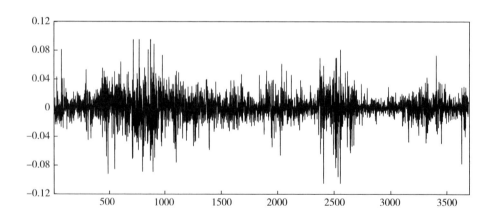

图 2-7　上证 50ETF 收益率

从图 2-7、图 2-8 可以看出，所选样本序列中包含的 3695 个样本的均值为 0.000319，偏度为 -0.192938，为负偏，峰度为 7.816228，说明收益率分布与正

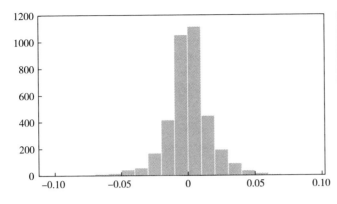

图 2-8　上证 50ETF 收益率描述性统计

态分布相比是尖峰状的，JB 统计量值为 3594.15，收益率的分布显著异于正态分布，上面的结果也进一步验证了大部分金融数据满足的特点。而且从收益率样本序列图中可以看出，收益率确实具有聚类特征，即大（小）波动之后倾向于出现大（小）波动。收益率分布图右端出现了观测值，说明收益率波动在尾部发生的概率要远大于正态分布，印证了金融数据的厚尾性。

下面进行平稳性检验，结果如表 2-1 所示。

表 2-1　上证 50ETF 收益率单位根检验结果

Null Hypothesis：ETF has a unit root			
Exogenous：Constant			
Lag Length：0（Automatic-based on SIC，maxlag=29）			
		t-Statistic	Prob. *
Augmented Dickey-Fuller test statistic		−61.28863	0.0001
Test critical values：	1% level	−3.431934	
	5% level	−2.862125	
	10% level	−2.567125	

注：＊MacKinnon（1996）one-sided p-values.

从 ADF 检验的结果可以看出，上证 50ETF 收益率是平稳的，图 2-9 展示了相关函数图以及 Q 统计量。

Included observations: 3695

Autocorrelation	Partial Correlation		AC	PAC	Q-Stat	Prob
		1	-0.009	-0.009	0.2772	0.599
		2	-0.019	-0.020	1.6752	0.433
		3	0.017	0.017	2.7789	0.427
		4	0.049	0.049	11.656	0.020
		5	-0.018	-0.016	12.801	0.025
		6	-0.072	-0.071	32.198	0.000
		7	0.030	0.026	35.469	0.000
		8	0.014	0.010	36.166	0.000
		9	0.008	0.014	36.428	0.000
		10	0.003	0.009	36.465	0.000
		11	0.018	0.013	37.695	0.000
		12	0.019	0.013	38.979	0.000
		13	0.048	0.053	47.635	0.000
		14	-0.038	-0.037	53.090	0.000
		15	0.032	0.033	56.995	0.000
		16	0.018	0.015	58.160	0.000
		17	0.007	0.007	58.355	0.000
		18	0.030	0.037	61.752	0.000
		19	-0.011	-0.010	62.233	0.000
		20	0.028	0.020	65.180	0.000
		21	0.006	0.010	65.314	0.000
		22	0.020	0.019	66.859	0.000
		23	-0.036	-0.036	71.766	0.000
		24	0.023	0.022	73.673	0.000

图 2-9 上证 50ETF 收益率相关图和 Q 统计量

从图 2-9 可以看出，上证 50ETF 收益率不是白噪声过程，前三期的相关性不是很明显，后面有一定的相关性，因此对上证 50ETF 收益率（用 ETF 表示）做如下 AR（6）模型：

$$ETF_t = \alpha_6 ETF_{t-6} + \varepsilon_t$$

经检验，残差不存在序列相关性，结果如图 2-10 所示。

下面做 ARCH 检验，结果如图 2-11 所示。

Breusch-Godfrey Serial Correlation LM Test:

F-statistic	0.510324	Prob. F(2,3686)	0.6003
Obs*R-squared	1.021196	Prob. Chi-Square(2)	0.6001

Test Equation:
Dependent Variable: RESID
Method: Least Squares
Date: 05/13/20　Time: 12:07
Sample: 7 3695
Included observations: 3689
Presample missing value lagged residuals set to zero.

Variable	Coefficient	Std. Error	t-Statistic	Prob.
ETF(-6)	0.000576	0.016448	0.035016	0.9721
RESID(-1)	-0.007646	0.016472	-0.464198	0.6425
RESID(-2)	-0.014847	0.016489	-0.900419	0.3680

R-squared	-0.000121	Mean dependent var	0.000348
Adjusted R-squared	-0.000663	S.D. dependent var	0.017454
S.E. of regression	0.017459	Akaike info criterion	-5.257069
Sum squared resid	1.123600	Schwarz criterion	-5.252017
Log likelihood	9699.664	Hannan-Quinn criter.	-5.255271
Durbin-Watson stat	1.999385		

图 2-10　上证 50ETF 残差的序列相关性检验

Heteroskedasticity Test: ARCH

F-statistic	36.29445	Prob. F(9,3670)	0.0000
Obs*R-squared	300.7699	Prob. Chi-Square(9)	0.0000

Test Equation:
Dependent Variable: RESID^2
Method: Least Squares
Date: 05/13/20　Time: 11:57
Sample (adjusted): 16 3695
Included observations: 3680 after adjustments

Variable	Coefficient	Std. Error	t-Statistic	Prob.
C	0.000134	1.58E-05	8.509877	0.0000
RESID^2(-1)	0.103449	0.016498	6.270382	0.0000
RESID^2(-2)	0.096059	0.016570	5.797185	0.0000
RESID^2(-3)	0.089900	0.016616	5.410284	0.0000
RESID^2(-4)	0.064087	0.016663	3.846062	0.0001
RESID^2(-5)	0.019327	0.016693	1.157811	0.2470
RESID^2(-6)	0.048765	0.016662	2.926657	0.0034
RESID^2(-7)	0.059488	0.016616	3.580235	0.0003
RESID^2(-8)	0.044669	0.016569	2.695975	0.0071
RESID^2(-9)	0.032695	0.016497	1.981843	0.0476

R-squared	0.081731	Mean dependent var	0.000304
Adjusted R-squared	0.079479	S.D. dependent var	0.000785
S.E. of regression	0.000753	Akaike info criterion	-11.54218

图 2-11　上证 50ETF 收益率 ARCH 效应检验结果

可以看出 ARCH（9）的系数是显著的，存在明显 ARCH 效应，因此可以建立 GARCH 类模型来消除 ARCH 效应，并求时间序列的波动率。对上证 50ETF 收益率建立 GARCH（1，1）模型，结果如图 2-12 所示。

Dependent Variable: ETF
Method: ML ARCH - Normal distribution (BFGS / Marquardt steps)
Date: 05/13/20   Time: 12:04
Sample (adjusted): 7 3695
Included observations: 3689 after adjustments
Convergence achieved after 30 iterations
Coefficient covariance computed using outer product of gradients
Presample variance: backcast (parameter = 0.7)
GARCH = C(2) + C(3)*RESID(-1)^2 + C(4)*GARCH(-1)

Variable	Coefficient	Std. Error	z-Statistic	Prob.
ETF(-6)	-0.052449	0.017301	-3.031550	0.0024
Variance Equation				
C	1.62E-06	2.50E-07	6.484087	0.0000
RESID(-1)^2	0.066861	0.003773	17.72099	0.0000
GARCH(-1)	0.930843	0.003353	277.6236	0.0000

R-squared	0.004461	Mean dependent var		0.000325
Adjusted R-squared	0.004461	S.D. dependent var		0.017499
S.E. of regression	0.017460	Akaike info criterion		-5.549472
Sum squared resid	1.124345	Schwarz criterion		-5.542735
Log likelihood	10240.00	Hannan-Quinn criter.		-5.547074
Durbin-Watson stat	2.015479			

图 2-12   上证 50ETF 收益率 GARCH（1，1）模型结果

根据公式计算其无条件方差为：

$$\sigma_t^2 = E(u_t^2) = \frac{\alpha_0}{1 - \sum (\alpha_i + \beta_i)} = \frac{0.00000162}{1 - (0.066861 + 0.930843)} = 0.000705575$$

从而长期波动率为 42.1669157%，依照此方法计算出其滚动一年的波动率，如图 2-13 所示。

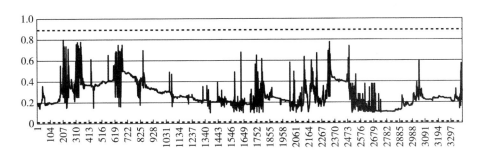

图 2-13 上证 50ETF 年滚动波动率

可以看出波动率也是在一个范围中波动，大多数波动率在 10%～60%，少数在 80% 左右。

同样道理来计算沪深 300 指数的波动率，沪深 300 指数收益率如图 2-14 所示。

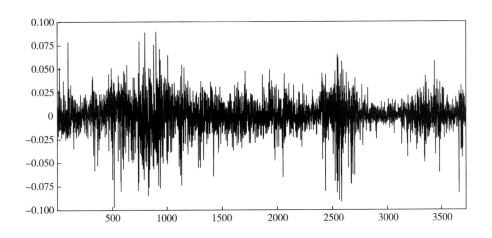

图 2-14 沪深 300 指数收益率

描述性统计结果如图 2-15 所示。

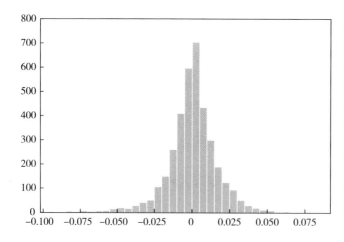

	Series: HS300
	Sample 1 3725
	Observations 3724
Mean	0.000371
Median	0.000849
Maximum	0.089309
Minimum	−0.096952
Std. Dev.	0.017275
Skewness	−0.524874
Kurtosis	6.886713
Jarque−Bera	2515.021
Probability	0.000000

图 2-15 沪深 300 指数收益率描述性统计结果

下面进行平稳性检验，结果如表 2-2 所示。

表 2-2 沪深 300 指数收益率单位根检验结果

Null Hypothesis：HS300 has a unit root

Exogenous：Constant

Lag Length：0（Automatic-based on SIC，maxlag=29）

		t-Statistic	Prob. *
Augmented Dickey−Fuller test statistic		−59.54229	0.0001
Test critical values：	1% level	−3.43192	
	5% level	−2.862119	
	10% level	−2.567122	

注：* MacKinnon（1996）one-sided p-values.

很明显沪深 300 指数收益率是平稳过程，因此可以建立 AR 模型，阶数由其自相关函数与偏自相关函数图决定（见图 2-16）。

Included observations: 3724

Autocorrelation	Partial Correlation		AC	PAC	Q-Stat	Prob
		1	0.024	0.024	2.1759	0.140
		2	-0.028	-0.028	5.0579	0.080
		3	0.034	0.035	9.3313	0.025
		4	0.050	0.047	18.526	0.001
		5	0.002	0.002	18.548	0.002
		6	-0.061	-0.060	32.574	0.000
		7	0.032	0.032	36.389	0.000
		8	0.018	0.011	37.611	0.000
		9	0.010	0.015	38.017	0.000
		10	0.003	0.007	38.057	0.000
		11	0.021	0.018	39.668	0.000
		12	0.025	0.018	42.027	0.000
		13	0.050	0.052	51.190	0.000
		14	-0.022	-0.025	53.028	0.000
		15	0.038	0.039	58.296	0.000
		16	0.009	0.000	58.608	0.000
		17	-0.007	-0.006	58.777	0.000
		18	0.023	0.025	60.834	0.000
		19	-0.012	-0.013	61.341	0.000
		20	0.016	0.011	62.354	0.000
		21	0.010	0.012	62.740	0.000
		22	0.014	0.010	63.515	0.000
		23	-0.018	-0.021	64.734	0.000
		24	0.005	0.005	64.813	0.000

图 2-16 沪深 300 指数收益率的相关图

可以看出，沪深 300 指数收益率前几期相关性不强，但是后面相关性有所加强，所以可以建立 AR（6）模型，并检验是否有 ARCH 效应，结果如图 2-17 所示。

可以看出沪深 300 指数收益率有明显的 ARCH 效应，因此建立 GARCH（1，1）模型（见图 2-18）。

根据公式可以计算其无条件方差为：

$$\sigma_t^2 = E(u_t^2) = \frac{\alpha_0}{1-\sum(\alpha_i+\beta_i)} = \frac{0.00000109}{1-(0.064233+0.935238)} = 0.000705575$$

Heteroskedasticity Test: ARCH

F-statistic	58.24753	Prob. F(6,3705)	0.0000
Obs*R-squared	319.9639	Prob. Chi-Square(6)	0.0000

Test Equation:
Dependent Variable: RESID^2
Method: Least Squares
Date: 05/13/20   Time: 16:35
Sample (adjusted): 13 3724
Included observations: 3712 after adjustments

Variable	Coefficient	Std. Error	t-Statistic	Prob.
C	0.000142	1.40E-05	10.08727	0.0000
RESID^2(-1)	0.098494	0.016392	6.008729	0.0000
RESID^2(-2)	0.084266	0.016443	5.124604	0.0000
RESID^2(-3)	0.114822	0.016417	6.994082	0.0000
RESID^2(-4)	0.101525	0.016417	6.184215	0.0000
RESID^2(-5)	0.058519	0.016443	3.558859	0.0004
RESID^2(-6)	0.067003	0.016392	4.087648	0.0000

R-squared	0.086197	Mean dependent var	0.000298
Adjusted R-squared	0.084717	S.D. dependent var	0.000714
S.E. of regression	0.000683	Akaike info criterion	-11.73878
Sum squared resid	0.001727	Schwarz criterion	-11.72706
Log likelihood	21794.18	Hannan-Quinn criter.	-11.73461
F-statistic	58.24753	Durbin-Watson stat	2.010750
Prob(F-statistic)	0.000000		

图 2-17   沪深 300 指数收益率的 ARCH 效应检验

Dependent Variable: HS300
Method: ML ARCH - Normal distribution (BFGS / Marquardt steps)
Date: 05/13/20   Time: 16:33
Sample (adjusted): 7 3724
Included observations: 3718 after adjustments
Convergence achieved after 30 iterations
Coefficient covariance computed using outer product of gradients
Presample variance: backcast (parameter = 0.7)
GARCH = C(3) + C(4)*RESID(-1)^2 + C(5)*GARCH(-1)

Variable	Coefficient	Std. Error	z-Statistic	Prob.
C	0.000525	0.000190	2.762737	0.0057
HS300(-6)	-0.047157	0.017347	-2.718506	0.0066
Variance Equation				
C	1.09E-06	2.40E-07	4.525276	0.0000
RESID(-1)^2	0.064233	0.003718	17.27574	0.0000
GARCH(-1)	0.935238	0.003321	281.5881	0.0000

R-squared	0.003494	Mean dependent var	0.000368
Adjusted R-squared	0.003226	S.D. dependent var	0.017286
S.E. of regression	0.017258	Akaike info criterion	-5.572313
Sum squared resid	1.106805	Schwarz criterion	-5.563947
Log likelihood	10363.93	Hannan-Quinn criter.	-5.569336
Durbin-Watson stat	1.947744		

图 2-18   沪深 300 指数收益率 GARCH（1，1）模型结果

从而其长期波动率为34.992866%，依照此方法，选择一年为滚动窗口时长，通过建立滚动的 GARCH（1，1）模型，得到沪深300指数收益率滚动的波动率，如图2-19所示。

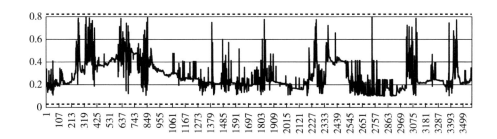

图2-19　沪深300指数滚动波动率结果

从图上可以看出，沪深300指数收益率波动率在10%~80%中变化，即在一个区间中变动。

同样可以计算出玉米期货合约的滚动波动率，结果如图2-20所示。

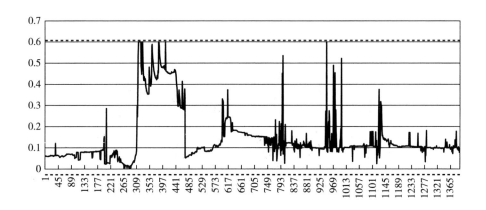

图2-20　玉米期货滚动波动率结果

从结果可以看出，相对于股票指数的波动率，商品期货价格波动率要小，可能与市场的活跃程度有关，但是也在一个区间中变动。

综上，我们可以假设期权标的资产价格收益率的波动率在一个区间中变化，本章就在此假设下求出期权定价模型。

(五) 随机波动率模型

随机波动率模型是将波动率看成一个随机过程，用布朗运动来描述，那么这时候的期权问题变成两因素期权定价模型。

假设股票价格服从几何布朗运动：

$$dS = \mu S dt + \sigma S dz_1$$

波动率也服从一个随机过程：

$$d\sigma = p(S, \sigma, t)dt + q(S, \sigma, t)dz_2$$

两个增量满足 $dz_1 \times dz_2 = \rho dt$，仿照推导 Black-Scholes 公式，通过构建对冲组合（但是随机波动率也是一种风险来源，不能简单对冲掉，与 Black-Scholes 公式的推导有所不同，要求再用一种期权作为对冲工具），可以得到双因素的期权定价公式为：

$$\frac{\partial V}{\partial t} + \frac{1}{2}\sigma^2 S^2 \frac{\partial^2 V}{\partial S^2} + \rho\sigma Sq \frac{\partial^2 V}{\partial S\partial\sigma} + \frac{1}{2}q^2 \frac{\partial^2 V}{\partial\sigma^2} + rS\frac{\partial V}{\partial S} + (p-\lambda q)\frac{\partial V}{\partial\sigma} - rV = 0$$

虽然双因素模型能够比较好地解决期权定价问题，但是公式中的参数比较多，难以估计，并且会导致更大的模型风险。为了能够更好地描述波动率的特点，很多学者提出了有名的波动率过程，如 Hull 和 White (1987) 提出的仿射性模型：

$$d\sigma^2 = a(b-\sigma^2)dt + c\sigma^2 dz_2$$

还有 Heston (1993) 为了使模型具有均值回归性，提出了如下波动率模型：

$$d\sigma^2 = (a-b\sigma^2)dt + c\sigma dz_2$$

Heston 模型中考虑了波动率的均值回归现象，更大的优点在于其能够解出欧式看涨期权的解析解，从而增加了模型的用处，同时由于用布朗运动描述了波动率的统计特征，可以克服 Black-Scholes 期权定价模型中的常数波动率假设和正态假设,而且模型也能反映股票价格波动率的"波动率微笑"现象,因此很受欢迎。但是,不能得到美式期权和其他比较复杂形式的期权价格的解析解。国内李静、周峤(2012)研究了一类以资产组合为标的资产的期权定价,包括差价期权、交换期权、乘数期权和商数期权。李斌、何万里(2015)引进 Heston 随机波动率模型改进 Black-Scholes 模型中的常数波动率假设,研究表明基础资产和波动率的演化过程经过适当的变换后是一个仿射过程。仿射过程由其仿射变换唯一确定,通过仿射变换,给出了这一类以资产组合为标的资产的期权半封闭形式解。

二、波动率区间假设

从上面的计算可以看出,股票价格波动率确实在一个区间中变动,下面在此假设情形下求期权的价格。由于假设参数在一个区间中变动,因此不可能求出期权的精确值,而且即使在完备的金融市场中,由于存在不确定性,因此可以转向求期权的价格区间。价格区间结果有如下优势:①价格区间结果的可信度比价格的点估计要精确些;②通过最优静态对冲方法,能够缩小价格区间的长度,与期权市场上存在的最高价格和最低价格情形比较类似。

第二节 不确定波动率模型的推导

一、期权问题与最优控制系统

如果已知金融衍生品在未来到期日 T 的收益函数为 $h(S(T))$,那么衍生品

价格函数 $V(t,\ S)$ 为：

$$V(t,\ S)=E\big[e^{-\int_t^T r(s)\,ds}h(S(T))\mid F(t)\big]$$

假设利率 r 是常数，则价格函数为：

$$V(t,\ S)=e^{-r(T-t)}E[h(S(T))\mid F(t)] \tag{2-1}$$

对于欧式看涨期权：$h(S(T))=\max(S-E,\ 0)$（E 为期权的执行价格）。

因此，求期权价格区间下限问题就是求价格函数（2-1）的最小值和最大值。从数学角度来讲，这是一个随机最优控制问题，下面建立随机最优控制问题模型。

假设标的资产价格 S 服从如下随机过程（考虑风险中性情形）：

$$dS(t)=rS(t)\,dt+\sigma S(t)\,dz(t)$$

Black-Scholes 期权定价公式中假设波动率是一个常数，与现实不符，这里不认为波动率是一个常数，而设其在一个区间中变动，即

$$0<\sigma^-\leqslant\sigma(t,\ x)\leqslant\sigma^+$$

建立如下随机控制问题 S_{sx_0}：

$$\begin{cases}dS(t)=rS(t)\,dt+u(t)S(t)\,dz(t)\\ S(t_0)=S_0\end{cases}$$

控制函数 $u(t)$ 属于如下控制集：

$$u(\cdot)\in\mathscr{U}[t_0,\ T]=\{u(\cdot):[t_0,\ T]\to\Omega\mid u(\cdot)\text{可测}\},\ \Omega=[\sigma^-,\ \sigma^+]$$

性能指标泛函为：

$$J(u(\cdot))=E\left\{\int_t^T f(s,\ S(s),\ u(s))\,ds+h(S(T))\right\}=E(h(S(T)))$$

则价格函数（2-1）与性能指标泛函之间的关系为：

$$V(t,\ S)=e^{-r(T-t)}J(u(\cdot)) \tag{2-2}$$

那么求期权价格最小值的最优控制问题（$S_{t,S1}^-$）可以描述为：在控制集 $u\in\mathscr{U}[t_0,\ T]$ 中寻找一个控制函数 $\underline{u}(\cdot)$，使：

$$J(\underline{u}(\,\cdot\,)) = \inf_{u(\,\cdot\,)\in\mathscr{U}[t_0,T]} J(u(\,\cdot\,))$$

求期权价格最大值的最优控制问题（$S_{t,S1}^+$）可以描述为：在控制集 $u \in$ $\mathscr{U}[t_0,\ T]$ 中寻找一个控制函数 $\overline{u}(\,\cdot\,)$，使：

$$J(\overline{u}(\,\cdot\,)) = \sup_{u(\,\cdot\,)\in\mathscr{U}[t_0,T]} J(u(\,\cdot\,))$$

二、利用 Bellman 动态规划原理求解

下面利用动态规划原理来推导期权价格区间下限的定价模型，推导期权价格区间上限的定价模型类似。

首先写出上述随机控制系统的动态规划问题 $S_{t,S1}^-$：

$$\begin{cases} dS(t) = rS(t)\,dt + u(S,\ t)S(t)\,dz(t) \\ S(s) = y \end{cases}$$

根据最优控制理论，那么对应的值函数为：

$$\begin{cases} U(s,\ y) = \inf_{u(\,\cdot\,)} J(s,\ y;\ u(\,\cdot\,)) \\ U(T,\ y) = h(y) \end{cases}$$

应满足如下 Hamilton-Jacobi-Bellman 方程：

$$\begin{cases} -U_t^- + \sup_{u\in\mathscr{U}} G(t,\ S,\ u,\ -U_S^-,\ -U_{SS}^-) = 0 \\ U^-\,\big|_{t=T} = e^{-r(t-T)} h(S) \end{cases}$$

其中推广的 Hamilton 函数 G 为：

$$G(t,\ S,\ u,\ p,\ P) = \frac{1}{2} u^2 S^2 P + rSp$$

分两种情形考虑推广的 Hamilton 函数 G 的上确界：

（1）当 $P>0$ 时，即 $-U_{SS}^->0$，欲使 G 取上确界要求控制函数 $\underline{u}=\sigma^+$，此时

$$G(t,\ S,\ u,\ p,\ P) = -\frac{1}{2}(\sigma^+)^2 S^2 U_{SS}^- - rSU_S^-;$$

（2）当 $P<0$ 时，即 $-U_{SS}^-<0$，欲使 G 取上确界要求控制函数 $\underline{u}=\sigma^-$，此时

$$G(t,\ S,\ u,\ p,\ P)=-\frac{1}{2}(\sigma^-)^2S^2U_{SS}^--rSU_S^-。$$

综上，Hamilton-Jacobi-Bellman 方程可写为：

$$\begin{cases}\dfrac{\partial U}{\partial t}+\dfrac{1}{2}\left(\sigma\left(\dfrac{\partial^2U}{\partial S^2}\right)\right)^2S^2\dfrac{\partial^2U}{\partial S^2}+rS\dfrac{\partial U}{\partial S}=0\\[4mm]\sigma\left(\dfrac{\partial^2U}{\partial S^2}\right)=\begin{cases}\sigma^+&\dfrac{\partial^2U}{\partial S^2}<0\\[3mm]\sigma^-&\dfrac{\partial^2U}{\partial S^2}>0\end{cases}\\[6mm]U(S)\mid_{t=T}=e^{-r(T-t)}h(S(T))\end{cases} \qquad (2-3)$$

根据价格函数 $V(t,\ S)$ 与性能指标泛函关系式（2-2），做如下变换：

$$U(t,\ S)=e^{r(T-t)}V(t,\ S)$$

则有：

$$\begin{cases}U_t=-re^{r(T-t)}V+e^{r(T-t)}V_t\\[2mm]U_S=e^{r(T-t)}V_S\\[2mm]U_{SS}=e^{r(T-t)}V_{SS}\end{cases}$$

将上式代入上述终值问题式（2-3），可以得到欧式看涨期权价格区间下限 $V^-(t,\ S)$ 满足如下终值问题：

$$\begin{cases}\dfrac{\partial V^-}{\partial t}+\dfrac{1}{2}\left(\sigma\left(\dfrac{\partial^2V^-}{\partial S^2}\right)\right)^2S^2\dfrac{\partial^2V^-}{\partial S^2}+rS\dfrac{\partial V^-}{\partial S}-rV^-=0\\[4mm]\sigma\left(\dfrac{\partial^2V^-}{\partial S^2}\right)=\begin{cases}\sigma^+&\dfrac{\partial^2V^-}{\partial S^2}<0\\[3mm]\sigma^-&\dfrac{\partial^2V^-}{\partial S^2}>0\end{cases}\\[6mm]V^-(S)\mid_{t=T}=h(S(T))=\max(S-E,\ 0)\end{cases} \qquad (2-4)$$

同理，欧式看涨期权价格区间上限 $V^+(t, S)$ 满足如下终值问题：

$$\begin{cases} \dfrac{\partial V^+}{\partial t}+\dfrac{1}{2}\left(\sigma\left(\dfrac{\partial^2 V^+}{\partial S^2}\right)\right)^2 S^2 \dfrac{\partial^2 V^+}{\partial S^2}+rS\dfrac{\partial V^+}{\partial S}-rV^+=0 \\[4mm] \sigma\left(\dfrac{\partial^2 V^+}{\partial S^2}\right)=\begin{cases} \sigma^+ & \dfrac{\partial^2 V^+}{\partial S^2}>0 \\[3mm] \sigma^- & \dfrac{\partial^2 V^+}{\partial S^2}<0 \end{cases} \\[4mm] V^+(S)\Big|_{t=T}=h(S(T))=\max(S-E, 0) \end{cases} \qquad (2-5)$$

从终值问题式（2-4）~式（2-5）的形式知道，模型不但可以计算出欧式期权的价格区间，而且只要已知期权或者期权投资组合的 Payoff 函数，就能计算期权投资组合的价格区间。由于其假设波动率在一个区间中变动，是不确定的，因此也称为不确定波动率模型。

三、模型的正则性

由于式（2-4）~式（2-5）中含有非线性的偏微分方程，很难讨论其解的正则性，这里借助于最优控制理论中的黏性解来讨论式（2-4）~式（2-5）解的正则性，得到如下定理：

定理 2-1：式（2-4）~式（2-5）的解具有存在性、唯一性和连续性。

证明：先讨论期权价格下限对应的式（2-4）情形。

由于式（2-3）是一个 Hamilton-Jacobi-Bellman 方程，根据 Hamilton-Jacobi-Bellman 方程在黏性解的意义下具有存在性、唯一性和连续性，又因为变换 $U(S, t)=\ln V(S, t)$，那么可以得到式（2-4）的解具有存在性、唯一性和连续性。同理可证式（2-5）的解也具有存在性、唯一性和连续性，从而定理得证。

四、模型的数值解法

由于定价方程中含有非线性的偏微分方程，因此很难求出其解析解，只能通过偏微分方程的有限差分法来解。有限差分法是通过求解金融衍生品价格所满足的微分方程来达到定价的目的，在求解的过程中，微分方程被一组差分方程所代替，通过迭代法得到方程的解。

在定价方程中，就是通过离散算子逼近各阶偏导数 $\dfrac{\partial V}{\partial t}$，$\dfrac{\partial V}{\partial S}$，$\dfrac{\partial^2 V}{\partial S^2}$，然后用倒推迭代法求解该终值问题。有限差分法利用网格表示期权的价格，如图 2-21 所示。

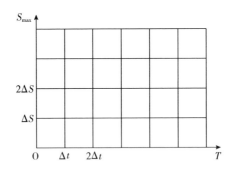

图 2-21 有限差分网格

具体来说，有限差分法就是用有限的离散区域来代替连续的时间和标的资产价格。首先离散化时间 T。将这一期限分隔成为 N 个小区间，长度为 $\Delta t = T/N$，因此需要考虑 $N+1$ 个时间点：0，Δt，$2\Delta t$，$\cdots$，T。然后离散化标的资产的价格，假设标的资产最大的价格为 S_{max}，股票价格步长为 $\Delta S = S_{max}/M$，这样考虑 $M+1$ 个标的资产价格 0，ΔS，$2\Delta S$，$\cdots$，S_{max}，选择 S_{max} 要保证以上的标的资产价格中恰好有一个对应股票的当前价格，这样选取的标的资产价格和时间构成了一个共有（$N+1$）（$M+1$）个的网格点，网格上的点（i，j）对应的时间点为 $i\Delta t$，标的资产价格为 $j\Delta S$，对应的期权价格为 $V_{i,j}=V(i\Delta t,\ j\Delta S)$。应用这些点之间的关系和边界条件，可以把连续偏微分方程转化成为一系列的差分方程，逐次求解，得到零时刻初始资产价格所对应网格点的期权价值，由此也可以看出，这是一个倒向求解问题。根据终值条件，确定边界条件，然后根据网格点期权之间的关系，倒推迭代求出零时刻初始资产价格所对应的期权价格。

下面介绍如何应用这些网格点逼近微分求出期权价格，有两种常用的方法来实现：一是隐性差分格式，二是显性差分格式。

（一）隐性差分格式

有限差分格式的主要思想是用函数在某点的泰勒级数展开，来代替函数在该点的偏微分。偏导数 $\dfrac{\partial V}{\partial S}(t,\ S)$ 的定义为：

$$\frac{\partial V}{\partial S}(t,\ S)=\lim_{\Delta S \to 0}\frac{V(t,\ S+\Delta S)-V(t,\ S)}{\Delta S}$$

如果 ΔS 相当于一个非常小的量，上式可以近似表示为：

$$\frac{\partial V}{\partial S}(t,\ S)=\frac{V(t,\ S+\Delta S)-V(t,\ S)}{\Delta S}+O(\Delta S)$$

这就是有限差分近似（Finite-Difference Approximation），其中，$O(\Delta S)$ 表示 ΔS 的高阶无穷小量，显然 ΔS 越小，则近似效果越好。

对于网格内部的点（i，j）处的期权价格的一阶偏导数可以近似写为：

$$\frac{\partial V}{\partial S}(i\Delta t,\ j\Delta S)\approx\frac{V(i\Delta t,\ j\Delta S+\Delta S)-V(i\Delta t,\ j\Delta S)}{\Delta S}$$

需要指出的是，这是许多可行的近似方法之一，由于它是用 S 和它的前方格点 $S+\Delta S$ 做近似的，因此上式称为前向差分（Forward Difference）。当然也可以使用后向差分（Backward Difference）近似：

$$\frac{\partial V}{\partial S}(t,\ S)=\frac{V(t,\ S)-V(t,\ S-\Delta S)}{\Delta S}+O(\Delta S)$$

则有

$$\frac{\partial V}{\partial S}(i\Delta t,\ j\Delta S)\approx\frac{V(i\Delta t,\ j\Delta S)-V(i\Delta t,\ j\Delta S-\Delta S)}{\Delta S}$$

也可以用中心差分格式（Central Difference）来近似：

$$\frac{\partial V}{\partial S}(t,\ S)=\frac{V(t,\ S+\Delta S)-V(t,\ S-\Delta S)}{2\Delta S}+O\big[\,(\Delta S)^2\,\big]$$

那么：

$$\frac{\partial V}{\partial S}(i\Delta t,\ j\Delta S)\approx\frac{V(i\Delta t,\ j\Delta S+\Delta S)-V(i\Delta t,\ j\Delta S-\Delta S)}{2\Delta S}$$

三种方法的几何解释如图 2-22 所示。

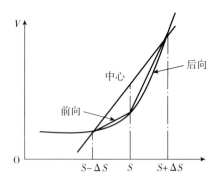

图 2-22　三种有限差分格式的几何解释

也可以用柯兰克—尼克尔森（Crank-Nicholson）格式：

$$\frac{\partial V}{\partial S}(S,\ t)=\frac{V(S+\Delta S/2,\ t)-V(S-\Delta S/2,\ t)}{\Delta S}+O\big[\,(\Delta S)^2\,\big]$$

但是一般情况下，偏微分方程的数值解中，相对于前向和后向差分格式，中心差分格式的精度要高些，因此多采用中心差分的形式。

下面来近似二阶偏导数 $\dfrac{\partial^2 V}{\partial S^2}$：

$$\frac{\partial^2 V}{\partial S^2}(i\Delta t,\ j\Delta S) \approx \frac{\dfrac{V(i\Delta t,\ j\Delta S+\Delta S)-V(i\Delta t,\ j\Delta S)}{\Delta S}-\dfrac{V(i\Delta t,\ j\Delta S)-V(i\Delta t,\ j\Delta S-\Delta S)}{\Delta S}}{\Delta S}$$

$$\approx \frac{V(i\Delta t,\ j\Delta S+\Delta S)-2V(i\Delta t,\ j\Delta S)+V(i\Delta t,\ j\Delta S-\Delta S)}{\Delta S^2}$$

可以看出，二阶近似公式也是一个中心的差分格式，其误差为 $O[(\Delta S)^2]$。

仿照上面的方法，可以类似地定义 V 对 t 的偏微分，此处用前向差分格式，可以写成：

$$\frac{\partial V}{\partial t}(i\Delta t,\ j\Delta S) \approx \frac{V(i\Delta t+\Delta t,\ j\Delta S)-V(i\Delta t,\ j\Delta S)}{\Delta t}$$

有了上述偏导数的近似格式，可以用来写出 Black-Scholes 公式的隐性有限差分格式。将上述偏导数的离散近似形式代入 Black-Scholes 公式：

$$\frac{\partial V}{\partial t}+\frac{1}{2}\frac{\partial^2 V}{\partial S^2}\sigma^2 S^2+r\frac{\partial V}{\partial S}S-rV=0$$

可得：

$$a_j V_{i,j-1}+b_j V_{i,j}+c_j V_{i,j+1}=V_{i+1,j}$$

其中：

$$a_j=\frac{1}{2}(rj-\sigma^2 j^2)\Delta t,\quad b_j=1+(\sigma^2 j^2+r(\ \cdot\ ))\Delta t,\quad c_j=-\frac{1}{2}(\sigma^2 j^2+rj)\Delta t$$

隐性差分格式可以理解成为从格点内部求外部格点的期权价值，如图 2-23 所示。

下面来看边界条件，由标的资产价格和时间组成的格点是一个长方形，目标是求起始时间的期权价格，也就是长方形最左边的期权价格，长方形其他三边的价格是边界条件，可以事先定出来。例如最右边的终值条件，也就是期权到期日 T 的价格，例如看涨期权，其终值条件为：

$$V_{N,j}=\max(S_T-X,\ 0)$$

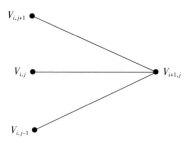

图 2-23　隐性差分格式

长方形最下方的边界，也就是标的资产价格为 0 时，所有格点的看涨期权价格为：

$$V_{i,0}=0$$

长方形最上方边界，也就是 $S=S_{\max}$ 时，其边界条件为：

$$V_{i,M}=S_{\max}-X$$

利用上述的终值和边界条件，通过迭代可以求出期权初始的价格。

（二）显性差分格式

另外一种比较简单的有限差分格式为显性差分格式，令：

$$\frac{\partial V}{\partial S}\approx\frac{V_{i+1,j+1}-V_{i+1,j-1}}{2\Delta S},\quad\frac{\partial^2 V}{\partial S^2}\approx\frac{V_{i+1,j+1}+V_{i+1,j-1}-2V_{i+1,j}}{\Delta S^2}$$

则 Black-Scholes 期权定价公式的显性差分格式写为：

$$V_{i,j}=a_j^*\,V_{i+1,j-1}+b_j^*\,V_{i+1,j}+c_j^*\,V_{i+1,j+1}$$

其中：

$$a_j^*=\frac{1}{1+r\Delta t}\left(-\frac{1}{2}\left(rj+\sigma^2j^2\right)\right)\Delta t,\quad b_j^*=\frac{1}{1+r\Delta t}\left(1-\sigma^2j^2\Delta t\right),$$

$$c_j^*=\frac{1}{1+r\Delta t}\left(\frac{1}{2}\sigma^2j^2+\frac{1}{2}rj\right)\Delta t$$

显性差分格式明显体现出了格点期权值之间的倒向关系，如图 2-24 所示：

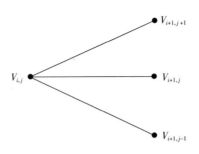

图 2-24　显性差分格式

显性差分格式和隐性差分格式是偏微分方程数值解中的两种基本方法，各有优势，显性差分格式方法比较简单直接，方便使用，而隐性差分方法需要求解大量的联立方程组，但是显性差分格式方法不是很稳定，不一定能够收敛于偏微分方程的解，而隐性差分格式没有这个问题，其解具有比较强的收敛性。当然有限差分格式可以用于多个标的资产的期权的计算，但是如果标的资产超过 3 个以上，一般还是采用蒙特卡洛等方法来求期权的价格。

（三）不确定波动率模型的差分格式

根据上述的有限差分格式，可以很容易地写出不确定波动率模型的有限差分格式，其显性差分格式可以写为：

$$V_{i,j} = a_j^* V_{i+1,j-1} + b_j^* V_{i+1,j} + c_j^* V_{i+1,j+1}$$

其中：

$$a_j^* = \frac{1}{1+r\Delta t}\left(-\frac{1}{2}(rj+\sigma^2(\cdot)j^2)\right)\Delta t, \quad b_j^* = \frac{1}{1+r\Delta t}(1-\sigma^2(\cdot)j^2\Delta t),$$

$$c_j^* = \frac{1}{1+r\Delta t}\left(\frac{1}{2}\sigma^2(\cdot)j^2 + \frac{1}{2}rj\right)\Delta t$$

只是在确定 $\sigma(\cdot)$ 的时候需要按照如下原则做出判断：

$$期权最小价格情形：\sigma(\cdot)=\begin{cases}\sigma^{+} & \dfrac{\partial^{2}V}{\partial S^{2}}<0 \\[3mm] \sigma^{-} & \dfrac{\partial^{2}V}{\partial S^{2}}>0\end{cases}$$

$$期权最大价格情形：\sigma(\cdot)=\begin{cases}\sigma^{+} & \dfrac{\partial^{2}V}{\partial S^{2}}>0 \\[3mm] \sigma^{-} & \dfrac{\partial^{2}V}{\partial S^{2}}<0\end{cases}$$

第三节　模型在我国期权市场上的应用

一、最优静态对冲

由于模型中含有非线性的偏微分方程，如果期权的 Payoff 函数不够平滑，计算出来的期权价格区间过长，就会削弱模型的意义。这里基于 Avellaneda 等（1995）提出的最优静态对冲方法缩小期权的价格区间，主要是利用式（2-4）~式（2-5）中的非线性偏微分方程的非线性。对于一个投资组合，由于 Black-Scholes 公式中的偏微分方程是线性的，因此由 Black-Scholes 公式计算出来的期权投资组合价格等于组合中的期权各自 Black-Scholes 公式价格之和，从而投资组合的价格区间等于各个期权的价格区间之和，因此构建新的投资组合不能缩小价格区间。但是式（2-4）~式（2-5）是非线性的，从最优控制角度来讲，整个投资组合的最优路径并不一定是组合中每个期权价格的最优路径，因此整个投资组合的价格区间并不等于各个期权的价格区间之和，可以通过一定方式缩小。要缩小目标期权的价格区间，可以选取一些市场上已经存在的类似期权作为静态对冲工具，并与目标期权组成投资组合，如果这个投资组合的 Payoff 函数足够平滑，利用式（2-4）~式（2-5）计算出来的投资组合价格区间将变小。然后用长度较小的投资组合价格区间上下限减去对冲成本就是目标期权的价格区间，从而达到缩小目标期权价格区间的目的，不断调整对冲工具的数量，使得目标期权的价格区间取到最小长度就是最优静态对冲。下面以求上证 50ETF 期权的价格区间来说明最优静态对冲的原理和具体步骤。

2015 年 2 月 9 日，上证 50ETF 期权在上海证券交易所上市，我国发行类似期权产品要追溯到 1992~1996 年发行的配股权证以及 2005 年为配合股权分置发行的公司股票权证等。由于发行量小、制度不完善，权证一上市就遭到市场投资者的爆炒，有的投资者损失惨重。这种惨重的损失一方面是由于权证交易制度的不完善，另一方面是由于投资者没有进行风险控制，没有对期权的价格进行合理的估值。如果能求出期权的合理价格区间，那么期权价格区间的上限是期权交易的卖点，超过该上限投资者应该卖出期权，如果在期权区间的下方，应该买入该期权，至少在短时间内可以这样操作。下面以上证 50ETF 期权来介绍该模型在中国期权市场上的应用。

2020 年 4 月 21 日，上证 50ETF 的价格为 2.77 元，简单起见，这里选取固定行权价格。到期日为 2020 年 6 月 24 日，2.60 元（交易代码为：510050C2006M02600）、2.70 元（交易代码为：510050C2006M02700）、2.80 元（交易代码为：510050C2006M02800）以及 2.90 元（交易代码为：510050C2006M02900）的认购期权价格分别为 0.1722 元、0.1066 元、0.0659 元、0.0302 元[①]，剩余期限为 $T=0.158$ 年。通过 GARCH（1，1）模型，选取上证 50ETF 收益率波动率上下限为 $\sigma^+ = 30\%$，$\sigma^- = 10\%$。这里将行权价格为 2.80 元的认购期权（记为：上证 50ETF 购 6 月 2800）看作目标期权，求其价格区间。表 2-3 中列举了+1 份上证

---

① 资料来源：Wind。

50ETF 购 6 月 2800 的四种模型和方法得到的价格区间（"+"表示多头，"-"表示空头）。因为 2800Call 的 Payoff 函数的不平滑，如图 2-25（a）所示，直接通过非线性式（2-4）~式（2-5）计算出来的价格区间 [0.0462, 0.1103] 相对较大，但可选取市场已经存在的（-0.5）份执行价格为 2.7 元和 -0.5 份 2.9 元的看涨期权作为对冲工具，与一份目标期权形成一个投资组合，其 Payoff 函数

$$V(S, T) = \max(S-2.8, 0) - \frac{1}{2}\big[\max(S-2.7, 0) + \max(S-2.9, 0)\big]$$

就相对平滑，如图 2-25（b）所示，利用式（2-4）~式（2-5）计算该投资组合价格区间，然后减去对冲工具的成本就能够得到目标期权的价格区间 [0.0586, 0.0871]，长度由原来的 0.0641 元缩小到 0.0285 元，是原来的 1/3 左右，因此可以应用这种方法来缩小期权价格区间，这也是静态对冲的基本思想。

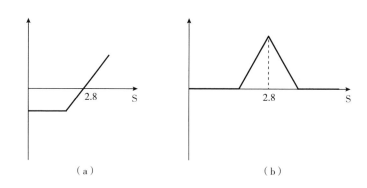

图 2-25 不同 Payoff 函数比较

由于定价模型中含有非线性的偏微分方程，如果期权的收益函数性质不够好，如无界等，那么期权价格区间较长，将削弱模型的实际意义。这里基于 Avellaneda（1995）提出的最优静态对冲方法来缩小多资产期权的价格区间，利用终值问题中的非线性偏微分方程的非线性。对于一个投资组合，由于常数波动

率下多资产定价模型中的偏微分方程是线性的，因此期权投资组合价格等于组合中的期权各自价格的线性和，那么投资组合的价格区间等于各个期权的价格区间线性和，从而构建新的投资组合不能达到缩小价格区间的目的。但根据终值问题式（2-4）~式（2-5）是非线性的，整个投资组合的最优路径并不一定能使组合中每个期权取得最优价格，从而整个投资组合的价格区间不等于各个期权的价格区间之和。要缩小目标期权的价格区间，可选取市场上现金流类似、头寸相反的期权作为静态对冲工具，与目标期权组成新的期权组合，如果这个期权组合的收益函数有良好的性质，如收益函数有界等，那么通过终值问题式（2-4）~式（2-5）计算出来的期权组合价格区间将变小，从而能缩小目标期权价格区间的长度，最优静态对冲是不断调整对冲工具的种类和数量，使目标多资产期权的价格区间长度最小。

如果对于某个目标期权，市场上有 M 种现金流类似的期权合约可以作为其静态对冲工具，ω_i 表示第 i 种对冲工具期权的头寸，C_i 表示对冲工具期权价格，那么可按照下面三步进行最优静态对冲：

（1）根据目标期权的特点，选取市场上与其现金流相似但头寸相反的期权作为对冲工具，并组成一个新期权投资组合，要求新的期权投资组合的收益函数有较好的性质，如有界等，用式（2-4）~式（2-5）计算期权投资组合价格区间上限 Val^+（期权组合）与价格区间下限 Val^-（期权组合）。

（2）利用对冲工具期权市场价格，求出目标期权的价格区间 $\left[MV^-, MV^+\right]$，其中：

$$MV^+ = Val^+（期权组合）- \sum_i \omega_i C_i$$

$$MV^- = Val^-（期权组合）- \sum_i \omega_i C_i$$

（3）最优静态对冲。调整对冲工具期权的头寸 ω_i，得到区间长度最小的目标期权价格区间：

$$\left[\max_{\omega_i}(MV^-),\min_{\omega_i}(MV^+)\right]$$

不断调整对冲工具的数量，能得到最优的价格区间为 [0.0619，0.0796]，区间长度为 0.0177 元，为 Black-Scholes 公式结果的 1/3 左右（见表 2-3）。

表 2-3　四种+1 份上证 50ETF 购 6 月 2800 期权的价格区间

计算方法	区间下限	区间上限
1. 利用 Black-Scholes 公式计算结果	0.0265	0.1281
2. 直接利用式（2-4）~式（2-5）的结果	0.0462	0.1103
3. 利用-0.5 份 2700Call 和-0.5 份 2900Call 对冲结果	0.0586	0.0871
4. 利用-0.55 份 2700Call 和-0.45 份 2900Call（最优）对冲结果	0.0619	0.0796

表 2-3 中的第一种价格区间利用 Black-Scholes 期权定价公式直接得到；第二种价格区间是通过式（2-4）~式（2-5）的计算结果；第三种价格区间是利用-0.5 份 2700Call 和-0.5 份 2900Call 的计算结果；第四种价格区间是利用-0.55 份 2700Call 和-0.45 份 2900Call（最优）的对冲结果。表 2-3 结果中，上证 50ETF 购 6 月 2800 期权的市场价格为 0.0659 元都落在上述四种方法构建的价格区间中，但是从估计的精度来讲，由于 Black-Scholes 公式的期权价格区间最长，为 0.1016 元，精度最差，不确定波动率模型的价格区间长度为 0.0641 元。但是，这些期权价格区间只是用到了目标期权本身的信息，并没有用到其他期权的市场价格信息，因此选取-0.55 份 6 月 2700 期权和-0.45 份 6 月 2900 期权为最优对冲工具，得到目标期权的最优价格区间为 [0.0619 元，0.0796 元]，价格区间长度明显缩小，且与上证 50ETF 购 6 月 2800 期权的当天的最高价（0.0781 元）和最低价（0.0631 元）的误差较小，这也说明了不确定波动率模型有一定的优势。

由最优静态对冲得到的价格区间主要有以下两种应用：第一能够识别某种期

权价格上是否存在套利机会；第二为风险控制，可以给出期权以及期权组合的价格误差最大值。

二、套利识别

上证 50ETF 期权是基于华夏上证 50ETF 发行的股票期权，于上海证券交易所上市，一般有当月、下月、当季以及下季四种，有看涨和看跌两种合约，根据上证 50ETF 的价格，每种合约都有很多不同的执行价格，于是基于上证 50ETF 的期权合约有很多种。那么这些合约价格之间是否相对合理，是否存在某些期权的价格相对其他期权价格有套利机会，可以利用式（2-4）~式（2-5），按照下面三个步骤进行识别：

第一步：挑选一个期权作为目标期权，具有相似现金流的期权作为对冲工具，组成新的期权组合，要求该组合的 Payoff 函数相对平滑。

第二步：利用式（2-4）~式（2-5）计算目标期权的价格区间并利用最优静态对冲得到最小长度的价格区间。

第三步：判断。如果目标期权的市场价格落在第二步计算出来的价格区间中，就认为在此目标期权的价格上不存在套利机会；如果不落在价格区间中，那么认为存在套利机会。

由表 2-3 可知，由于市场上 2800Call 的价格为 0.0659 元，都落在四种方法形成的价格区间中，由此认为在该期权价格上不存在套利机会。虽然四种结果得到的结论一致，但后两种情形中，价格区间长度相对更小，并且随着对冲期权工具的增多，得到的区间长度将进一步缩短，且与上证 50ETF 购 6 月 2800 期权的当天的最高价（0.0781 元）和最低价（0.0631 元）的误差较小，进一步说明了模型的有效性。

但是，对于交易不频繁的期权，其价格上可能会存在套利机会。仍用上面例子中的期权产品，参数一样，只不过将上证 50ETF 购 6 月 2700 期权作为目标期权，用四种模型和方法计算其价格区间，如表 2-4 所示。

表 2-4　四种+1 份上证 50ETF 购 6 月 2700 期权的价格区间

模型和方法	价格区间下限	价格区间上限
1. 利用 Black-Scholes 公式计算结果	0.0914	0.1828
2. 直接利用式（2-4）~式（2-5）的结果	0.1189	0.1649
3. 利用-0.5 份 2600Call 和-0.5 份 2800Call 对冲结果	0.1254	0.1583
4. 利用-0.57 份 2600Call 和-0.43 份 2800Call（最优）对冲结果	0.1372	0.1487

2020 年 4 月 21 日，+1 份上证 50ETF 购 6 月 2700 期权市场价格为 0.1130 元，落在 Black-Scholes 计算出来的价格区间中，认为是合理的价格；但是由不确定波动率以及最优对冲方法计算出来的价格区间结果都大于市场价格，因此可以认为该期权价格偏低，可能与交易不频繁有关，同时注意到上证 50ETF 购 6 月 2700 期权成交量是上证 50ETF 购 6 月 2800 期权的 1/5 左右，导致这种期权的流动性和定价效率的减弱。上证 50 指数的成份股是 T+1 交易的，而上证 50ETF 及其期权是 T+0 交易的，两者的交易制度有区别，给投资者带来交易的不便，也会影响期权产品的套期保值和避险的功能，因此要大力改善我国金融市场的交易制度，大量引入合格的期权投资者和套利者，活跃期权交易，同时也要改善期权交易制度，提高期权的定价能力和价格发现能力。如果期权的实际价格比期权价格上限要低，那么可以进行买进的操作；如果高于期权区间价格上限，那么可以卖出该期权。

三、最大价格差风险控制

VaR 是通过给出一定概率的情形下投资组合的损失值，对投资组合进行风险控制。但式（2-4）~式（2-5）得出的价格区间可以给出期权及其组合的价格误差最大值，此值是价格区间的长度。本例中，可以得到投资一份执行价格为 2.8 元的上证 50ETF 认购期权的价格误差最大值 0.0796-0.0619=0.0177 元，这样投资者就可以控制自己的最大价格风险，避免非理性的情绪。

第四节 模型的延伸

一、交易费用的期权定价模型

Black-Scholes 公式是建立在风险中性的假设前提下的，而且假设市场上不存在交易成本。但是随着标的资产价格的变动，投资者需要调整标的资产的头寸进行风险对冲，市场上标的资产的交易是要一定交易成本的，因此需要对模型假设进行调整，考虑交易成本下的期权定价模型，主要有如下两种模型：

（一）Leland（1985）模型

Leland（1985）首先考虑了存在交易成本的期权定价模型。假设投资者在每一个时间节点上都进行风险对冲，需要买入或者卖出一定数量的标的资产，也就是说在每个 δt 时刻都要进行对冲，无论是否是最优的。无论是买入还是卖出标的资产，其假设交易成本是标的资产交易价格的一个百分比 kv，如果是卖出，那么 $v<0$，买入则 $v>0$，因此交易成本为 $k|v|S$，其中 k 是一个常数，不同类型的投资者，k 的大小是不同的。Leland（1985）中与推导 Black-Scholes 公式做法相似，构建投资组合，在风险中性和无套利的原理下得到了含有交易成本的期权定

价模型，只需要调整修改 Black-Scholes 公式中波动率，如多头看涨和看跌期权中的波动率调整为：

$$\breve{\sigma} = \sigma \sqrt{1 - \sqrt{\frac{8}{\pi \delta t}} \frac{k}{\sigma}}$$

在空头看涨和看跌期权中的波动率调整为：

$$\breve{\sigma} = \sigma \sqrt{1 + \sqrt{\frac{8}{\pi \delta t}} \frac{k}{\sigma}}$$

（二）HWW（1992）模型

虽然上述模型比较简练，但是模型只是针对于欧式的看涨看跌期权，要求期权的 Gamma 值是保持不变的，而对于其他奇异期权或者期权组合是做不到的，因此 Hoggard、Whalley 和 Wilmott（1992）推广 Leland（1985）的结果至任意支付函数的期权定价公式，得到的定价方程是一个含有非线性的偏微分方程。假设股票价格服从如下布朗运动：

$$\delta S = \mu S \delta t + \sigma S \phi \delta t^{1/2}$$

其中，ϕ 服从标准正态分布。构建一个投资组合：

$$\Pi = -V + \frac{\partial V}{\partial S} S$$

由于在每个 δt 要进行对冲风险，因此该组合在短时间区间 δt 内的价格变化要减去构建投资组合的交易成本：

$$\delta \Pi = \sigma S \left(\frac{\partial V}{\partial S} - \Delta \right) \phi \sqrt{\delta t} + \left(\frac{1}{2} \frac{\partial^2 V}{\partial S^2} \sigma^2 \phi^2 S^2 + \frac{\partial V}{\partial t} \right) \delta t - kS \mid v \mid$$

因为一直要做对冲，需要买卖标的资产，根据对冲原理，需要买卖标的资产数量为：

$$\Delta = \frac{\partial V}{\partial S}$$

那么在 δt 内标的资产的变化量为：

$$v = \frac{\partial V}{\partial S}(S+\delta S, \ t+\delta t) - \frac{\partial V}{\partial S}(S, \ t)$$

利用泰勒定理得到：

$$v = \frac{\partial V}{\partial S}(S+\delta S, \ t+\delta t) - \frac{\partial V}{\partial S}(S, \ t) = \delta S \frac{\partial^2 V}{\partial S^2}(S, \ t) + \delta t \frac{\partial^2 V}{\partial S \delta t}(S, \ t) + \cdots$$

其中，$\delta S = \sigma S \phi \delta t^{1/2} + O(\delta t)$，可以看出 v 的主要部分 δS 是 $O(\sqrt{\delta t})$，其他的部分是 $O(\delta t)$，因此：

$$v \approx \delta S \frac{\partial^2 V}{\partial S^2}(S, \ t) = \frac{\partial^2 V}{\partial S^2} \sigma S \phi \delta t^{1/2}$$

虽然不能知道对冲需要标的资产的确切份数，但是可以取期望值，得到：

$$E(kS \mid v \mid) = \sqrt{\frac{2}{\pi}} k \sigma S^2 \mid \frac{\partial^2 V}{\partial S^2} \mid \delta t^{1/2}$$

这样：

$$E(\delta\Pi) = \left(\frac{1}{2} \frac{\partial^2 V}{\partial S^2} \sigma^2 S^2 + \frac{\partial V}{\partial t} - \sqrt{\frac{2}{\pi \delta t}} k \sigma S^2 \mid \frac{\partial^2 V}{\partial S^2} \mid \right) \delta t$$

再由无套利原理：

$$E(\delta\Pi) = \ = r\Pi\delta t$$

得到考虑交易成本的期权定价模型为：

$$\frac{\partial V}{\partial t} + \frac{1}{2} \sigma^2 S^2 \frac{\partial^2 V}{\partial S^2} - \sqrt{\frac{2}{\pi \delta t}} k \sigma S^2 \mid \frac{\partial^2 V}{\partial S^2} \mid + rS \frac{\partial V}{\partial S} - rV = 0$$

因此，当 $\frac{\partial^2 V}{\partial S^2} > 0$ 时，定价方程为：

$$\frac{\partial V}{\partial t} + \frac{1}{2} \left(\sigma^2 - 2\sqrt{\frac{2}{\pi \delta t}} k \sigma \right) S^2 \frac{\partial^2 V}{\partial S^2} + rS \frac{\partial V}{\partial S} - rV = 0$$

当 $\frac{\partial^2 V}{\partial S^2} < 0$ 时，定价方程为：

$$\frac{\partial V}{\partial t}+\frac{1}{2}\left(\sigma^2+2\sqrt{\frac{2}{\pi\delta t}}k\,\sigma\right)S^2\frac{\partial^2 V}{\partial S^2}+rS\frac{\partial V}{\partial S}-rV=0$$

从模型的形式可以看出，考虑交易成本的期权定价模型可以转化为一个不确定的波动率模型（最小值情形）

$$\begin{cases}\dfrac{\partial V}{\partial t}+\dfrac{1}{2}(\sigma(\varGamma))^2 S^2\dfrac{\partial^2 V}{\partial S^2}+rS\dfrac{\partial V}{\partial S}-rV=0\\[2ex]\sigma^2(\varGamma)=\begin{cases}\sigma^2+2\sqrt{\dfrac{2}{\pi\delta t}}k\,\sigma & \dfrac{\partial^2 V}{\partial S^2}<0\\[3ex]\sigma^2-2\sqrt{\dfrac{2}{\pi\delta t}}k\,\sigma & \dfrac{\partial^2 V}{\partial S^2}>0\end{cases}\end{cases}$$

同样 Leland（1985）模型也可以写成如上形式，因此可以仿照前文的框架讨论考虑交易成本的期权定价问题，同时也说明了书中建立的最优控制框架有一定的普遍性。

二、波动率区间假设下的多资产期权定价模型

下面考虑不确定波动率的多资产期权定价模型，在经典的 Stulz（1982）中给出了多资产的期权（也称为彩虹期权）定价公式，但是该公式是假设标的资产价格波动率是常数，而根据前文的讨论，知道这种常数假设与金融数据不符合，这里假设标的资产价格波动率分别在一个区间中变动的情形下进行期权定价。

假设多资产期权的风险资产 t 时刻的价格为 $S_i(t)(i=1,2,\cdots,n)$，到期日 T 时刻的收益函数为 $h(S_1(T),S_2(T),\cdots,S_n(T))$（$h$ 为 Borel 可测函数）。假设风险资产价格都服从几何布朗运动，那么风险中性情形下股票价格 $S_i(t)$ 服从的随机过程为：

$$dS_i(t)=r(t)S_i(t)dt+S_i(t)\sigma_i(t)dz_i(t)(i=1,2,\cdots,n)$$

实际的金融数据更加支持股票价格波动率在一个区间中变动，因此假设每只股票的价格波动率分别在一个区间中变动：

$$\sigma_i^- \le \sigma_i(t) \le \sigma_i^+ (i=1, 2, \cdots, n)$$

其中，σ_i^-，σ_i^+ 分别是第 i 种股票价格波动率的最小值和最大值，可以根据股票的历史价格得到。那么收益函数为 $h(S_1(T), S_2(T), \cdots, S_n(T))$ 的多资产期权或期权组合在 t 时的贴现价格函数为：

$$V(S) = E\left[e^{-\int_t^T r(s)\,ds} h(S_1(T), S_2(T), \cdots, S_n(T)) \mid F(t) \right]$$

（一）多资产期权定价问题与最优控制系统

由于股票价格路径中 $\sigma_i(t)$ 是不确定的，从而存在无穷条可能的股票价格路径，很难求出期权价格的某个特定数值。但设定了股票价格波动率 $\sigma_i(t)$ 的最大值和最小值，如果加以控制，能够在所有的股票价格轨迹中求出期权价格达到的上限 $V^+(S, t)$ 和下限 $V^-(S, t)$，这是一个最值问题，处理最值问题的一种常用方法是随机最优控制。将股票价格看成状态变量，可以建立此问题对应的随机最优控制系统。

虽然波动率 $\sigma_i(t)$ 是不确定的，但可令控制函数 $u_i(t) = \sigma_i(t)$ 来控制波动率的变化，那么此最优控制问题的状态方程可写成：

$$\begin{cases} dS_i(t) = r(t)S_i(t)\,dt + u_i(t)S_i(t)\,dz(t) \\ S_i(t) = S_i \end{cases} \quad (i=1, 2, \cdots, n)$$

由假设 $\sigma_i^- \le \sigma_i(t) \le \sigma_i^+ (i=1, 2, \cdots, n)$，控制函数 $u_i(\cdot)$ 的控制集为：

$$u_i(\cdot) \in \Omega[t, T] = \{ u_i(\cdot) : [t, T] \to [\sigma_i^-, \sigma_i^+] \mid u_i(\cdot) 可测 \}$$

性能指标泛函：

$$J(u(\cdot)) = h(S(T))$$

那么，性能指标泛函与多资产期权价格函数之间的关系为：

$$V(S(\ \cdot\ )) = e^{-r(T-t)}J(u(\ \cdot\ ))$$

由此多资产期权价格区间下限问题可以归结为：

随机最优控制问题（$S_{t,S2}^{-}$）在控制集 $u \in \Omega[t, T]$ 中寻找一个最优控制函数 $\underline{u}(\ \cdot\ )$ 使得：

$$J(t, S;\underline{u}(\ \cdot\ )) = \inf_{u(\ \cdot\ ) \in \Omega[t, T]} J(u(\ \cdot\ ))$$

类似地，多资产期权价格区间上限问题可以归结为：

随机最优控制问题（$S_{t,S2}^{+}$）在控制集 $u \in \Omega[t, T]$ 中寻找一个最优控制函数 $\overline{u}(\ \cdot\ )$ 使得：

$$J(t, S;\overline{u}(\ \cdot\ )) = \sup_{u(\ \cdot\ ) \in \Omega[t, T]} J(u(\ \cdot\ ))$$

上述最优控制问题可以利用 Bellman 动态规划原理求解，得到期权价格区间上下限满足的 Hamilton-Jacobi-Bellman 方程。

（二）利用 Bellman 动态规划原理求解

先讨论随机最优控制问题 $S_{t,S2}^{-}$。

根据 Bellman 动态规划原理，随机最优控制问题 $S_{t,S2}^{-}$ 的值函数为：

$$\begin{cases} U^{-}(t, S) = \inf_{u(\ \cdot\ ) \in \Omega} J(t, S; u(\ \cdot\ )) \\ U^{-}(T, S) = e^{-r(t-T)}h(S) \end{cases}$$

应满足如下 Hamilton-Jacobi-Bellman 方程：

$$\begin{cases} -U_{t}^{-} + \sup_{u \in \Omega} G(t, S, u, -U_{S_i}^{-}, -U_{S_i S_i}^{-}) = 0 \\ U^{-}\mid_{t=T} = e^{-r(t-T)}h(S) \end{cases}$$

其中推广的 Hamilton 函数 G 为：

$$G(t, S, u, p_i, P_{ii}) = \frac{1}{2}\sum_{i=1}^{n} u_i^2 S_i^2 P_{ii} + r\sum_{i=1}^{n} S_i p_i$$

分两种情形考虑推广的 Hamilton 函数 G 的上确界：

（1）当 $P_{ii}>0$ 时，即 $-U_{S_iS_i}^->0$，欲使 G 取上确界，要求控制函数 $\underline{u}_i=\sigma_i^+$，此时

$$\sup_{u\in\varOmega}G=-\frac{1}{2}\sum_{i=1}^n(\sigma_i^+)^2S_i^2U_{S_iS_i}^--r\sum_{i=1}^nS_iU_{S_i}^-$$

（2）当 $P_{ii}<0$ 时，即 $-U_{S_iS_i}^-<0$，欲使 G 取上确界，要求控制函数 $\underline{u}_i=\sigma_i^+$，此时

$$\sup_{u\in\varOmega}G=-\frac{1}{2}\sum_{i=1}^n(\sigma_i^-)^2S_i^2U_{S_iS_i}^--r\sum_{i=1}^nS_iU_{S_i}^-$$

综上，Hamilton-Jacobi-Bellman 方程可写成：

$$\begin{cases}U_t^-+\dfrac{1}{2}\sum_{i=1}^n\varphi^2(U_{S_iS_i}^-)S_i^2U_{S_iS_i}^-+r\sum_{i=1}^nS_iU_{S_i}^-=0\\[2mm]U^-(S)\big|_{t=T}=e^{-r(t-T)}h(S(T))\end{cases}$$

其中：$\varphi(x)=\sigma^+I_{\{x<0\}}+\sigma^-I_{\{x>0\}}$，$I$ 为指示函数。

根据价格下限函数 $V^-(S,t)$ 与性能指标泛函关系式，做如下变换：

$$V^-(S,t)=e^{-r(T-t)}U^-(S,t)$$

变换后得到多资产期权价格区间下限 $V^-(S,t)$ 满足的终值问题为：

$$\begin{cases}V_t^-+\dfrac{1}{2}\sum_{i=1}^n\varphi^2(V_{S_iS_i}^-)S_i^2V_{S_iS_i}^-+r\sum_{i=1}^nS_iV_{S_i}^--rV^-=0\\[2mm]V^-(S)\big|_{t=T}=h(S(T))\end{cases}\tag{2-6}$$

同样得到多资产期权价格区间上限 $V^+(S,t)$ 满足的终值问题为：

$$\begin{cases}V_t^++\dfrac{1}{2}\sum_{i=1}^n\varphi^2(-V_{S_iS_i}^+)S_i^2V_{S_iS_i}^++r\sum_{i=1}^nS_iV_{S_i}^+-rV^+=0\\[2mm]V^+(S)\big|_{t=T}=h(S(T))\end{cases}\tag{2-7}$$

终值问题式（2-6）~式（2-7）都含有完全非线性的偏微分方程，属于一类 Black-Scholes-Barenblatt 方程，这类非线性偏微分方程在期权定价理论中经常出现，当 $\sigma_i^-=\sigma_i^+$（$i=1,2,\cdots,n$）时，模型退化为常系数的多资产期权定价模

型，讨论两个资产的最大最小期权定价问题对应了 Stulz（1982）中讨论的情形。

（三）数值解法

由于模型中含有非线性的偏微分方程，在某些特定的情况下可以通过 Pontry-agin 最大值原理得到对应的 Hamilton 系统进行求解，但大多数情形下依赖于偏微分方程的数值解法，这里讨论两资产期权定价模型的有限差分格式。

假设两资产期权的股票价格为 S_1，S_2，设其最大可能价格分别为 S_{1max}，S_{2max}，股票价格步长分别为 $\delta S_1 = \dfrac{S_{1max}}{M}$，$\delta S_2 = \dfrac{S_{2max}}{N}$，时间步长为：$\delta t = \dfrac{T}{K}$，其中，$M$，$N$，$K$ 都是正整数。

根据终值问题的倒向性，期权价格中有三个变量，期权价格通项公式设为：$V_{i,j}^k = V(i\delta S_1, j\delta S_2, T-k\delta t)$，各阶偏导数的差分格式为：

$$\frac{\partial V}{\partial t} \approx \frac{V_{i,j}^k - V_{i,j}^{k+1}}{\delta t}, \quad \frac{\partial V}{\partial S_1} \approx \frac{V_{i+1,j}^k - V_{i-1,j}^k}{2\delta S_1}, \quad \frac{\partial V}{\partial S_2} \approx \frac{V_{i,j+1}^k - V_{i,j-1}^k}{2\delta S_2}$$

$$\frac{\partial^2 V}{\partial S_1^2} \approx \frac{V_{i+1,j}^k - 2V_{i,j}^k + V_{i-1,j}^k}{\delta S_1^2}, \quad \frac{\partial^2 V}{\partial S_2^2} \approx \frac{V_{i,j+1}^k - 2V_{i,j}^k + V_{i,j-1}^k}{\delta S_2^2}$$

那么不确定波动率的两资产期权价格显性差分格式为：

$$V_{i,j}^{k+1} = a_{i,j}V_{i+1,j}^k + b_{i,j}V_{i,j+1}^k + c_{i,j}V_{i,j}^k + d_{i,j}V_{i,j-1}^k + e_{i,j}V_{i-1,j}^k$$

其中：

$$a_{i,j} = \frac{1}{2}(i^2\sigma_1^2(\,\cdot\,) + ri)\delta t, \quad b_{i,j} = \frac{1}{2}(j^2\sigma_2^2(\,\cdot\,) + rj)\delta t,$$

$$c_{i,j} = (i^2\sigma_1^2(\,\cdot\,) + j^2\sigma_2^2(\,\cdot\,) - r)\delta t + 1, \quad d_{i,j} = \frac{1}{2}(j^2\sigma_2^2(\,\cdot\,) - rj)\delta t,$$

$$e_{i,j} = \frac{1}{2}(i^2\sigma_1^2(\,\cdot\,) - ri)\delta t_{\circ}$$

$\sigma_i(\,\cdot\,)(i=1, 2)$ 的确定规则：

求期权最小价格时：$\sigma_i(\cdot)=\begin{cases}\sigma_i^+(\cdot) & V_{S_iS_i}<0\\\sigma_i^-(\cdot) & V_{S_iS_i}>0,\end{cases}$

求期权最大价格时：$\sigma_i(\cdot)=\begin{cases}\sigma_i^-(\cdot) & V_{S_iS_i}^+<0\\\sigma_i^+(\cdot) & V_{S_iS_i}^+>0\end{cases}$

边界条件依照多资产期权收益函数而定。对于两资产最大的看涨期权，X 为执行价格，其收益函数为：$Rainbow-Call=\max(0,\ \max(S_{1T},\ S_{2T},\ X))-X$，那么边界条件可以写为：

$$V_{0,j}^k=\max(j\delta S_2,\ X)-X,\quad V_{M,j}^k=S_{1\max}-X,\quad V_{i,0}^k=\max(i\delta S_1,\ X)-X$$

$$V_{i,N}^k=S_{2\max}-X,\quad V_{i,j}^K=\max(i\delta S_1,\ j\delta S_2,\ X)-X$$

（四）模型实证与应用

1. 计算多资产期权价格区间

多资产期权常见于银行结构化理财产品以及外汇期权中。选取香港汇丰银行发行的"汇享天下"一款结构化理财产品中内嵌的两资产期权最大看涨期权，该内嵌多资产期权是基于交通银行 H 股（代码：03328，香港证券交易所）和中国工商银行 H 股（代码：01398，香港证券交易所）的。两只股票在 2020 年 4 月 28 日的价格分别为 $S_1=4.98$，$S_2=5.11$ 港元，到期日为 2021 年 1 月 8 日，那么剩余期限 $T=0.61$ 年。利用 GARCH（1，1）模型，两者的波动率区间分别设为 [10%，40%]（交通银行 H 股）和 [15%，40%]（中国工商银行 H 股），假设无风险利率为 0.15%[①]。由于市场上没有相对应的期权产品，于是由 Stulz（1982）中的公式计算出来的执行价格为 4 港元、5 港元和 6 港元的两资产看涨期权价格分别为 1.33 港元、0.64 港元和 0.18 港元。

_____

① 以上资料均来自 Bloomberg 资讯以及 www. hsbc. com. hk. 并适当整理。

以计算执行价格为 5 港元的两资产最大看涨期权（简称为 5Call）的价格区间为例，其他两种期权作为静态对冲工具。表 2-5 列出了四种计算方法得到+1份（"+"表示多头，"-"表示空头）执行价格为 5 港元的两资产最大看涨期权的价格区间。

表 2-5 +1 份执行价格为 5Call 的价格区间

计算模型和方法	区间下限	区间上限
1. 波动率常数假设（Stulz，1982）	0.327	1.018
2. 波动率区间假设（式（2-6）~式（2-7）方法）	0.436	0.857
3. 利用-0.5 份 4Call 和-0.5 份 6Call 静态对冲结果	0.597	0.703
4. 利用-0.53 份 4Call 和-0.47 份 6Call（最优）静态对冲结果	0.618	0.682

表 2-5 中列出了+1 份 5Call 两资产看涨期权价格区间的静态对冲结果 3 和最优静态对冲的结果 4。静态对冲过程中对新组建的期权投资组合的收益函数性质有要求，一般要求其有界。例如，-0.5 份执行价格为 4 港元与-0.5 份执行价格为 6 港元的两资产看涨期权作为对冲工具，与+1 份执行价格为 5 港元的目标期权组成一个新的投资组合后，其收益函数［见图 2-26（b）］有界，而+1 份执行价格为 5 港元期权收益函数［见图 2-26（a）］无界，因此通过式（2-6）~式（2-7）得到 5Call 的价格区间长度为 0.857-0.436＝0.421 港元，而由静态对冲得到的期权价格区间长度为 0.703-0.597＝0.106 港元，长度是原区间长度的1/4 左右（见表 2-5 的结果 2 和结果 3）。不断调整对冲工具的头寸，那么最优的期权价格区间为［0.618，0.682］（见表 2-5 的结果 4）。

2. 套利识别

在期权市场上，基于同种风险资产可以发行多种期权，它们具有不同的期限

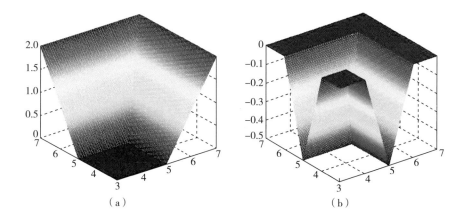

图 2-26 期权收益函数比较

或者不同的行权价格,那么这些期权的市场价格是否相对合理,是否存在一些多资产期权的价格相对其他期权价格有套利,可以通过由式(2-6)~式(2-7)计算的价格区间来识别:如果期权的市场价格落在目标期权的价格区间中,认为在此目标期权价格上不存在套利机会;如果期权的市场价格落在目标期权的价格区间外,那么认为存在套利机会,可以低买高卖进行套利操作。

由于公式计算出来的执行价格为 5 港元的两资产看涨期权的价格为 0.64 港元,都落在四种期权价格区间中,那么该期权价格上不存在套利机会。虽然四种计算方法得到的结论相同,但后两种价格区间长度相对更小。

3. 最大价格差风险控制

VaR 是通过给出一定概率的情形下投资组合的损失值,对投资组合进行风险控制。但式(2-6)~式(2-7)得出的价格区间可以给出期权及其组合的价格误差最大值,此值是价格区间的长度 $0.682-0.618=0.064$ 元。

第三章　无风险利率区间假设下的期权定价模型

第一节　模型假设基础

对于无风险利率，Black-Scholes 期权定价公式中也是假设为常数，虽然无风险利率没有股票波动率变化明显，但在期权期限内也可能会发生变化。例如，常常用来衡量无风险利率的一年期 Shibor，这里选取了 2015 年到 2020 年的 1348 个数据，其图如图 3-1 所示。

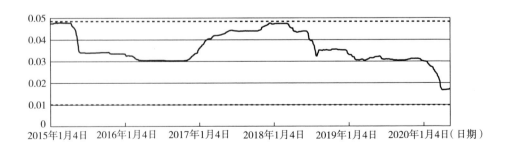

图 3-1　一年期 Shibor 利率

可以看出一年的 Shibor 利率确实是发生变化的，不是常数，在 1.5%~5% 变动。有的文献也用一年期国债收益率来衡量无风险利率，图 3-2 是 2007 年到 2019 年的一年期国债收益率。

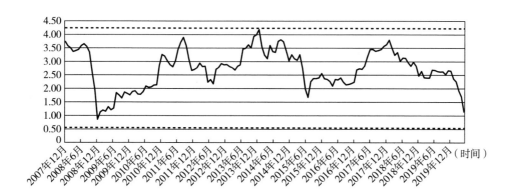

图 3-2 一年期国债收益率

锐思金融数据库提供了年化无风险利率数据，也在 1%~8%，如图 3-3 所示。

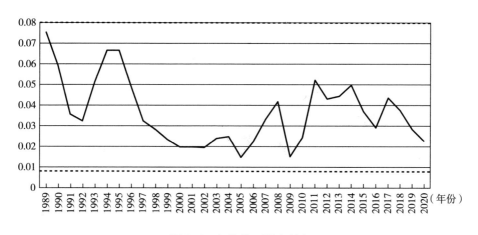

图 3-3 年化的无风险利率

资料来源：锐思数据库。

从这些数据可以看出，无风险利率确实是发生变化的，因此 Black-Scholes 公式中的常数假设与现实数据不符，而且可以看出无风险利率是在一个区间中变动。同时，越来越多的国家和经济体逐步采用利率走廊来调控市场利率，目标是使基准利率在一个走廊中变动，因此这里对无风险利率做区间假设有一定的实际背景，在此背景下求期权的定价公式有一定的实践意义。

这里假设无风险利率是变动的，但只假定其在一个区间中变动，其他条件与 Black-Scholes 相同下求期权的定价模型。由于无风险利率是不确定的，股票价格的轨迹更加难以确定，很难求出期权价格的某个点估计值，但如果加以控制，在这无穷多的股票变化轨迹中能够求出期权价格的上界和下界，从而得到期权的价格区间。这种期权价格区间结果有两个好处：其一，期权真实价格落在价格区间中的置信度要比一个点估计值高；其二，如果将价格区间长度缩小到一定程度，这种结果将与市场上期权存在 Bid-Ask 价格类似，因此假设无风险利率在一个区间中变化有一定的意义。为求此期权价格区间，本章先将期权价格区间问题归结为一个随机最优控制问题，然后利用动态规划原理得到期权价格上下限模型，并讨论模型的解法和性质；最后给出模型在中国期权市场上的应用。运用静态对冲方法缩小期权价格区间，提供了期权市场上套利识别的一种方法，并将模型的结果与 Black-Scholes 公式结果做比较，发现模型有一定的优势。

第二节　不确定无风险利率模型的推导

假设风险中性情形下股票价格 $S(t)$ 遵循如下随机过程：

$$dS(t) = r(t)S(t)dt + \sigma S(t)dz(t)$$

其中，$r(t)$，$\sigma(t)$ 分别是无风险利率和股票价格波动率，$z(t)$ 为布朗运动。如果期权在到期日 T 时的收益函数为 $h(S(T))>0$，那么该期权或期权组合在 t 时的价格函数为：

$$V(S) = E\left[e^{-\int_t^T r(s)\,ds} h(S(T)) \mid F(t) \right]$$

对于欧式看涨期权：$h(S(T)) = Max(S-E,\ 0)$（E 为期权的执行价格）。

根据前文的讨论，这里对无风险利率做尽量少的假设，认为无风险利率是在某个有限区间中变动的。因此本文是在假设 $r^- \leqslant r(t) \leqslant r^+$ 下讨论期权的定价问题。

一、期权定价问题与最优控制系统

由于股票价格路径中 $r(t)$ 是不确定的，存在无穷条可能的股票价格轨迹，从而很难求出股票期权价格的某个特定数值。但是，设定了无风险利率 $r(t)$ 的最大值和最小值，如果加以控制，可以在所有的股票价格轨迹中求出期权价格能够达到的上限 $V^+(S,\ t)$ 和下限 $V^-(S,\ t)$，这就将期权价格区间问题归结为一个最值问题，处理这种最值问题的一种常用方法是随机最优控制。只需将股票价格看为状态变量，期权价格的自然对数看为目标性能指标泛函，下面来建立此问题对应的最优控制系统。

由于期权的价格决定于股票价格，因此股票价格就是状态变量。无风险利率 $r(t)$ 是不确定的，可令控制函数 $u(t)=r(t)$ 来控制无风险利率的变化过程，那么状态方程可写成：

$$\begin{cases} dS(t) = u(t)S(t)\,dt + \sigma S(t)\,dz(t) \\ S(t) = S \end{cases}$$

由假设 $r^- \leqslant r(t) \leqslant r^+$，控制函数 $u(\cdot)$ 的控制集为：

$$u(\cdot) \in \Omega[t,\ T] = \{u(\cdot):\ [t,\ T] \to [r^-,\ r^+] \mid u(\cdot)\text{可测}\}$$

性能指标泛函：

$$J(u(\,\cdot\,)) = E\left\{ \int_t^T u(t,\ S(t))\,dt + \ln h(S(T)) \right\}$$

根据性能指标泛函与期权价格函数之间的关系为：

$$V(S(\,\cdot\,)) = e^{J(u(\,\cdot\,))}$$

那么，期权价格下限问题可以归结为：

最优控制问题（S_{tS3}^-）在控制集 $u \in \Omega[t,\ T]$ 中寻找一个最优控制函数 $\underline{u}(\,\cdot\,)$ 使得：

$$J(t,\ S;\ \underline{u}(\,\cdot\,)) = \inf_{u(\,\cdot\,) \in \Omega[t,T]} J(u(\,\cdot\,))$$

类似地，期权价格上限问题可以归结为：

最优控制问题（S_{tS3}^+）在控制集 $u \in \Omega[t,\ T]$ 中寻找一个最优控制函数 $\overline{u}(\,\cdot\,)$ 使得：

$$J(t,\ S;\overline{u}(\,\cdot\,)) = \sup_{u(\,\cdot\,) \in \Omega[t,T]} J(u(\,\cdot\,))$$

这都是 Bolza 型性能指标泛函的最优控制问题。一般可以通过 Pontryagin 最大值原理和 Bellman 动态规划原理这两种等价的方法求解，这里只利用 Bellman 动态规划原理得到相应的 Hamilton-Jacobi-Bellman 方程。需要说明的是，在状态方程中将无风险利率设定等于控制函数，通过不断调整控制函数，能够使得性能指标泛函达到最值。

二、利用 Bellman 动态规划原理求解

先讨论最优控制问题 S_{tS3}^-。根据 Bellman 动态规划原理，最优控制问题 S_{tS3}^- 的值函数为：

$$\begin{cases} U(t,\ S) = \inf_{u(\,\cdot\,) \in [r^-,r^+]} J(t,\ S;\ u(\,\cdot\,)) \\ U(T,\ S) = h(S) \end{cases}$$

应满足如下 Hamilton-Jacobi-Bellman 方程：

$$\begin{cases} -U_t^- + \sup_{u \in [r^-, r^+]} G(t, S, u, -U_S^-, -U_{SS}^-) = 0 \\ U^- \mid_{t=T} = \ln h(S) \end{cases}$$

其中推广的 Hamilton 函数 G 为：

$$G(t, S, u, p, P) = \frac{1}{2}\sigma^2 S^2 P + uSp + u = \frac{1}{2}\sigma^2 S^2 P + u(Sp+1)$$

分两种情形考虑推广的 Hamilton 函数 G 的上确界：

（1）当 $Sp+1>0$ 时，即 $1-SU_S^->0$，欲使 G 取上确界要求控制函数 $u=r^+$，此时

$$\sup_{u \in [r^-, r^+]} G = -\frac{1}{2}\sigma^2 S^2 \frac{\partial^2 U^-}{\partial S^2} - r^+\left(S\frac{\partial U^-}{\partial S} - 1\right)$$

（2）当 $Sp+1<0$ 时，即 $1-SU_S^-<0$，欲使 G 取上确界要求控制函数 $u=r^-$，此时

$$\sup_{u \in [r^-, r^+]} G = -\frac{1}{2}\sigma^2 S^2 \frac{\partial^2 U^-}{\partial S^2} - r^-\left(S\frac{\partial U^-}{\partial S} - 1\right)$$

综上，Hamilton–Jacobi–Bellman 方程可写为：

$$\begin{cases} \dfrac{\partial U^-}{\partial t} + \dfrac{1}{2}\sigma^2 S^2 \dfrac{\partial^2 U^-}{\partial S^2} + \rho\left(S\dfrac{\partial U^-}{\partial S} - 1\right)\left(S\dfrac{\partial U^-}{\partial S} - 1\right) = 0 \\ U^-(S)\mid_{t=T} = \ln(h(S(T))) \end{cases} \tag{3-1}$$

其中：$\rho(x) = r^+ I_{\{x<0\}} + r^- I_{\{x>0\}}$，$I$ 为指示函数。

根据价格函数 $V^-(S, t)$ 与性能指标泛函关系式：

$$V^-(S(\,\cdot\,)) = e^{U^-}$$

变换后得到期权价格下限 $V^-(S, t)$ 满足的模型为：

$$\begin{cases} \dfrac{\partial V^-}{\partial t} + \dfrac{1}{2}\sigma^2 S^2 \dfrac{\partial^2 V^-}{\partial S^2} + \rho\left(S\dfrac{\partial V^-}{\partial S} - V^-\right)\left(S\dfrac{\partial V^-}{\partial S} - V^-\right) = 0 \\ V^-(S)\mid_{t=T} = h(S(T)) \end{cases} \tag{3-2}$$

同样的过程得到期权价格上限 $V^+(S, t)$ 满足的模型为：

$$
\begin{cases}
\dfrac{\partial V^+}{\partial t}+\dfrac{1}{2}\sigma^2 S^2 \dfrac{\partial^2 V^+}{\partial S^2}+\rho\left(V^+-S\,\dfrac{\partial V^+}{\partial S}\right)\left(S\,\dfrac{\partial V^+}{\partial S}-V^+\right)=0 \\
V^+(S)\,\big|_{t=T}=h(S(T))
\end{cases}
\tag{3-3}
$$

由于假设无风险利率是不确定的，因此称式（3-2）和式（3-3）为不确定无风险利率模型，从其形式可以知道，不确定波动率模型不仅可以计算出欧式期权的价格区间，而且能计算出 Payoff 函数为非负的期权组合价格区间。对于单个欧式看跌期权，由于其 Delta 值为负，式（3-2）～式（3-3）退化成为 Black-Scholes 公式。

三、模型的正则性

由于式（3-2）～式（3-3）中含有非线性的偏微分方程，很难讨论其解的正则性，这里借助于最优控制理论中的黏性解来讨论式（3-2）～式（3-3）解的正则性，得到如下定理：

定理： 式（3-2）～式（3-3）的解具有存在性、唯一性和连续性。

证明： 先讨论期权价格下限对应的式（3-2）情形。

由于式（3-1）是一个 Hamilton-Jacobi-Bellman 方程，而 Hamilton-Jacobi-Bellman 方程在黏性解的意义下具有存在性、唯一性和连续性，又因为变换 $U(S,\,t)=\ln V(S,\,t)$，那么可以得到式（3-2）的解具有存在性、唯一性和连续性。同理可以证明式（3-3）的解也具有存在性、唯一性和连续性，从而定理得证。

四、模型的数值解法

由于模型中含有非线性的偏微分方程，在某些特定的情况下可以通过 Pontryagin 最大值原理求解，但是大多数情形下要通过偏微分方程的数值解法，本书利用有限差分格式来解。

根据式（3-2）～式（3-3）的倒向性，假设期权价格单元格点的形式为：$V_i^k = V(i\delta S, \ T - k\delta t)$。

选取各阶导数的近似值：

$$\frac{\partial V}{\partial t} \approx \frac{V_i^k - V_i^{k+1}}{\delta t}, \ \frac{\partial V}{\partial S} \approx \frac{V_{i+1}^k - V_{i-1}^k}{2\delta S}, \ \frac{\partial^2 V}{\partial S^2} \approx \frac{V_{i+1}^k - 2V_i^k + V_{i-1}^k}{\delta S^2}, \ 那么式（3-2）～式（3-$$

3）的差分格式为：

$$V_i^{k+1} = A_i^k V_{i-1}^k + (1 + B_i^k) V_i^k + C_i^k V_{i+1}^k$$

其中：

$$A_i^k = \frac{1}{2}(\sigma^2 i^2 - r(\cdot) i)\delta t, \ B_i^k = -(\sigma^2 i^2 + r(\cdot))\delta t, \ C_i^k = \frac{1}{2}(\sigma^2 i^2 + r(\cdot) i)\delta t$$

确定 $r(\cdot)$ 的规则为：

求期权价格最小值情形：$r(\cdot) = \begin{cases} r^+ & \left(V^- - S\dfrac{\partial V^-}{\partial S}\right) > 0 \\[3mm] r^- & \left(V^- - S\dfrac{\partial V^-}{\partial S}\right) < 0 \end{cases}$

求期权价格最大值情形：$r(\cdot) = \begin{cases} r^+ & \left(V^+ - S\dfrac{\partial V^+}{\partial S}\right) < 0 \\[3mm] r^- & \left(V^+ - S\dfrac{\partial V^+}{\partial S}\right) > 0 \end{cases}$

边界条件为：当 $S = 0$ 时，$V_i^0 = E$；当 $S = S_{Max}$ 时，$V_i^K = 0$。

对于期权组合，跳跃条件为：

$V_{i+1}^k = V_i^k + C(i)$，$C(i)$ 表示 i 时刻的现金流。

第三节　模型在中国期权市场上的应用

这里用第二章中求上证 50ETF 期权价格区间的例子，期权产品和参数同第二章。用式（3-2）~式（3-3）和最优静态对冲方法求期权的价格区间，得到的结果如表 3-1 所示。

表 3-1　四种+1 份上证 50ETF 购 6 月 2800 期权的价格区间

计算方法	区间下限	区间上限
1. 利用 Black-Scholes 公式计算结果	0.0265	0.1281
2. 直接利用式（3-2）~式（3-3）的结果	0.0375	0.1134
3. 利用-0.5 份 2700Call 和-0.5 份 2900Call 对冲结果	0.0501	0.0932
4. 利用-0.51 份 2700Call 和-0.49 份 2900Call（最优）对冲结果	0.0594	0.0833

表 3-1 中的第一种价格区间利用 Black-Scholes 期权定价公式直接得到；第二种价格区间是通过式（3-2）~式（3-3）的计算结果；第三种价格区间是利用-0.5 份 2700Call 和-0.5 份 2900Call 计算结果；第四种价格区间是利用-0.51 份 2700Call 和-0.49 份 2900Call（最优）对冲结果。从表 3-1 结果可以看出，上证 50ETF 购 6 月 2800 期权的市场价格为 0.0659 元都落在上述四种方法构建的价格区间中，但是从估计的精度来讲，由于 Black-Scholes 公式的期权价格区间最长，为 0.1016 元，精度最差，不确定无风险利率模型的价格区间长度为 0.0759 元。但是这些期权价格区间只是用到了目标期权本身的信息，并没有用到其他期权的市场价格信息，因此选取-0.51 份 6 月 2700 期权和-0.49 份 6 月 2900 期权为最

优对冲工具，得到目标期权的最优价格区间为［0.0594元，0.0833元］，价格区间长度明显缩小，且与上证 50ETF 购 6 月 2800 期权的当天的最高价（0.0781元）和最低价（0.0631元）的误差较小，这也说明了不确定无风险利率模型有一定的优势，但是不如不确定波动率模型结果精确，从而也说明波动率相对无风险利率来讲，其对期权价格的影响还会更大些。

由最优静态对冲得到的价格区间主要有以下两种应用：第一能够识别某种期权价格上是否存在套利机会；第二为风险控制，可以给出期权以及期权组合的价格误差最大值。

一、套利识别

利用前文介绍的静态对冲方法来进行套利识别。由于市场上 2800Call 的价格为 0.0659 元，都落在四种方法形成的价格区间中，由此认为在该期权价格上不存在套利机会。虽然四种结果得到的结论一致，但后两种情形中，价格区间长度相对更小，并且随着对冲期权工具的增多，得到的区间长度将进一步缩小。且与上证 50ETF 购 6 月 2800 期权的当天的最高价（0.0781 元）和最低价（0.0631元）的误差较小，进一步说明了模型的有效性。

但是，对于交易不频繁的期权，其价格上可能会存在套利机会。仍用上面例子中的期权产品，参数一样，只不过将上证 50ETF 购 6 月 2700 期权作为目标期权，用四种模型和方法计算其价格区间，如表 3-2 所示。

表 3-2　四种+1 份上证 50ETF 购 6 月 2700 期权的价格区间

模型和方法	价格区间下限	价格区间上限
1. 利用 Black-Scholes 公式计算结果	0.0914	0.1828
2. 直接利用式（3-2）~式（3-3）的结果	0.1146	0.1688

续表

模型和方法	价格区间下限	价格区间上限
3. 利用−0.5 份 2600Call 和−0.5 份 2800Call 对冲结果	0.1204	0.1596
4. 利用−0.48 份 2600Call 和−0.52 份 2800Call（最优）对冲结果	0.1348	0.1502

2020 年 4 月 21 日，+1 份上证 50ETF 购 6 月 2700 期权市场价格为 0.1130 元，落在 Black-Scholes 计算出来的价格区间中，认为是合理的价格。但是，由于不确定无风险利率模型以及最优对冲方法计算出来的价格区间结果都大于市场价格，因此可以认为该期权价格偏低，可能与交易不频繁有关，可以适当买入该期权进行套利。

二、最大价格差风险控制

VaR 是通过给出一定概率的情形下投资组合的损失值，对投资组合进行风险控制。但式（3-2）~式（3-3）得出的价格区间可以给出期权及其组合的价格误差最大值，此值是价格区间的长度。本例中，可以得到投资一份执行价格为 2.8 元的上证 50ETF 认购期权的价格误差最大值为 0.0833−0.0594＝0.0239 元，这样投资者就可以控制自己的风险，避免非理性的情绪。

第四章　参数区间假设下的期权
定价模型

第二章和第三章分别对股票价格波动率和无风险利率常数假设做了改进，分别都在一个区间中变动，这章主要讨论两者同时在一个区间中变动的情形下，推导期权的定价方程，并给出模型在中国期权市场上的应用。

第一节　模型的推导

一、模型假设

假设股票价格 $S(t)$ 服从几何布朗运动：

$$dS(t) = r(t)S(t)dt + \sigma(t)S(t)dz(t)$$

如果 $h(S(T))$ 是期权的收益函数，不妨假设 $h(S(T)) > 0$，那么该期权在 t 时的价格函数为：

$$V(S,\ t) = E\left[e^{-\int_t^T r(s)ds} h(S(T)) \mid F(t) \right]$$

在 Black-Scholes 期权定价公式中，$\sigma(t)$ 和 $r(t)$ 都设为常数，与金融市场数据不符，这里做区间假设：

$$\begin{cases} r^- \leqslant r(S,\ t) \leqslant r^+ \\ 0 < \sigma^- \leqslant \sigma(S,\ t) \leqslant \sigma^+ \end{cases}$$

其中，股票价格波动率上下限 σ^-、σ^+ 和无风险利率上下限 r^-、r^+ 可从其历史数据中确定。

二、期权定价问题与最优控制系统

下面建立相应的随机最优控制系统。由于股票价格波动率和无风险利率存在不确定性，因此引入控制函数向量：

$$u(t) = \begin{pmatrix} u_1(t) \\ u_2(t) \end{pmatrix}$$

其中，控制函数 $u_1(t)$ 控制无风险利率的变化，$u_2(t)$ 控制股票价格波动率的变化，那么状态方程可写成：

$$\begin{cases} dS(t) = u_1(t)S(t)dt + u_2(t)S(t)dz(t) \\ S(t) = S \end{cases}$$

由于 $r^- \leqslant r(t) \leqslant r^+$，那么 $u_1(\cdot)$ 的控制集为：

$$u_1(\cdot) \in \Omega_1[t,\ T] = \{u_1(\cdot): [t,\ T] \to [r^-,\ r^+] \mid u_1(\cdot) 可测\}$$

由于 $\sigma^- \leqslant \sigma(t) \leqslant \sigma^+$，那么 $u_2(t)$ 的控制集为：

$$u_2(\cdot) \in \Omega_2[t,\ T] = \{u_2(\cdot): [t,\ T] \to [\sigma^-,\ \sigma^+] \mid u_2(\cdot) 可测\}$$

目标性能指标泛函为：

$$J(u(\cdot)) = E\left\{\int_t^T u_1(t,\ S(t))dt + \ln h(S(T))\right\}。$$

考察如下两个随机最优控制问题：

随机最优控制问题 $(S^-_{t,S4})$ 寻找最优控制函数向量 $\underline{u}(\cdot)$，使：

$$J(t,\ S;\bar{u}(\cdot))= \inf_{u(\cdot)} J(u(\cdot))$$

随机最优控制问题 $(S^+_{t,S4})$ 寻找最优控制函数向量 $\bar{u}(\cdot)$，使：

$$J(t,\ S;\bar{u}(\cdot))= \sup_{u(\cdot)} J(u(\cdot))$$

根据期权价格函数的形式，可以认为随机最优控制问题 $(S^-_{t,S4})$ 和 $(S^+_{t,S4})$ 的解分别对应期权价格区间的下限和上限情形（两者相差一个指数函数的变换）。下面利用 Bellman 动态规划原理来求解随机最优控制问题 $(S^-_{t,S4})$ 和 $(S^+_{t,S4})$，得到相应的 Hamilton–Jacobi–Bellman 方程。

先用 Bellman 动态规划原理讨论随机最优控制问题 $(S^-_{t,S4})$，对应求期权价格区间的下限情形。Bellman 动态规划原理有两个特点：第一是将给定的控制问题嵌入一族控制问题中，这样在求解给定问题的过程中，实际上求解了整族控制问题；第二是求解的注意力集中在最优泛函值上（而非最优控制对），给出最优值函数所满足的 Hamilton–Jacobi–Bellman 方程。对于最优控制问题 $(S^-_{t,S4})$，其值函数：

$$\begin{cases} U(t,\ S)= \inf_{u(\cdot)} J(t,\ S;\ u(\cdot)) \\ U(T,\ S)= \ln(h(S)) \end{cases}$$

满足的 Hamilton–Jacobi–Bellman 方程为：

$$\begin{cases} -U^-_t+\sup_u G(t,\ S,\ u,\ -U^-_S,\ -U^-_{SS})= 0 \\ U^-\,|_{\,t=T}= \ln h(S) \end{cases}$$

其中 Hamilton 函数 G 为：

$$G(t,\ S,\ u,\ p,\ P)= \frac{1}{2}u_2^2 S^2 P+u_1 Sp+u_1= \frac{1}{2}u_2^2 S^2 P+u_1(Sp+1)$$

下面讨论 Hamilton 函数 G 的上确界，分为两种情形：

（1）如果 $Sp+1>0$ 以及 $P>0$，即 $1-SU^-_S>0$，$U^-_{SS}<0$，那么控制函数 $u_1=r^+$，

$u_2 = \sigma^+$,此时 G 取到上确界,此时:

$$\sup G = -\frac{1}{2}(\sigma^+)^2 S^2 \frac{\partial^2 U^-}{\partial S^2} - r^+ \left(S \frac{\partial U^-}{\partial S} - 1 \right);$$

(2)如果 $Sp+1<0$ 以及 $P<0$,即 $1-SU_S^-<0$,$U_{SS}^->0$,那么控制函数 $u_1 = r^-$,$u_2 = \sigma^-$,此时 G 取到上确界,此时:

$$\sup G = -\frac{1}{2}(\sigma^-)^2 S^2 \frac{\partial^2 U^-}{\partial S^2} - r^- \left(S \frac{\partial U^-}{\partial S} - 1 \right)_\circ$$

因此,值函数 $U^-(t, S)$ 满足的 Hamilton-Jacobi-Bellman 方程可写为:

$$\begin{cases} \dfrac{\partial U^-}{\partial t} + \dfrac{1}{2}\rho_1^2 \left(\dfrac{\partial^2 U^-}{\partial S^2} \right) S^2 \dfrac{\partial^2 U^-}{\partial S^2} + \rho_2 \left(S \dfrac{\partial U^-}{\partial S} - 1 \right) \left(S \dfrac{\partial U^-}{\partial S} - 1 \right) = 0 \\ U^-(S) \mid_{t=T} = \ln h(S(T)) \end{cases} \tag{4-1}$$

其中:$\rho_1(x) = \sigma^+ I_{\{x<0\}} + \sigma^- I_{\{x>0\}}$,$\rho_2(x) = r^+ I_{\{x<0\}} + r^- I_{\{x>0\}}$,$I$ 为示性函数。

由目标泛函和期权价格函数的形式,做变换:

$$V^-(S(\cdot)) = e^{U^-}$$

可知 $V^-(S, t)$ 满足的终值问题为:

$$\begin{cases} \dfrac{\partial V^-}{\partial t} + \dfrac{1}{2}\rho_1^2 \left(\dfrac{\partial^2 V^-}{\partial S^2} \right) S^2 \dfrac{\partial^2 V^-}{\partial S^2} + \rho_2 \left(S \dfrac{\partial V^-}{\partial S} - V^- \right) \left(S \dfrac{\partial V^-}{\partial S} - V^- \right) = 0 \\ V^-(S) \mid_{t=T} = h(S(T)) \end{cases} \tag{4-2}$$

其中,$V^-(S, t)$ 可以看成期权的价格区间下限。

类似地,期权的价格区间上限 $V^+(S, t)$ 满足的终值问题为:

$$\begin{cases} \dfrac{\partial V^+}{\partial t} + \dfrac{1}{2}\rho_1^2 \left(-\dfrac{\partial^2 V^+}{\partial S^2} \right) S^2 \dfrac{\partial^2 V^+}{\partial S^2} + \rho_2 \left(V^+ - S \dfrac{\partial V^+}{\partial S} \right) \left(S \dfrac{\partial V^+}{\partial S} - V^+ \right) = 0 \\ V^+(S) \mid_{t=T} = h(S(T)) \end{cases} \tag{4-3}$$

因此,区间 $[V^-(S, t), V^+(S, t)]$ 是所求的期权价格区间。当 $r^+ = r^-$,模型退化为不确定波动率模型,是本章结果的一种特殊情形,当 $\sigma^+ = \sigma^-$ 时,模型退化成不确定无风险利率模型;当 $\sigma^+ = \sigma^-$ 和 $r^+ = r^-$ 时,模型退化成 Black-Scholes

期权定价公式。终值问题式（4-2）~式（4-3）是完全非线性的偏微分方程，属于一种 Black-Scholes-Barenblatt 方程，由于定价模型中参数的不确定性，这里称为不确定参数模型。从终值问题式（4-2）~式（4-3）的形式知道，可以放松期权收益函数 $h(S(T))>0$ 的假设。

三、模型的正则性

定理 4-1：式（4-2）~式（4-3）的解具有存在性、唯一性和连续性。

证明：先讨论期权价格下限对应的式（4-2）情形。

由于式（4-1）是一个 Hamilton-Jacobi-Bellman 方程，而 Hamilton-Jacobi-Bellman 方程在黏性解的意义下具有存在性、唯一性和连续性，又因为变换 $U(S, t)=\ln V(S, t)$，那么可以得到式（4-2）的解具有存在性、唯一性和连续性。同理可证式（4-3）的解也具有存在性、唯一性和连续性，从而定理得证。

四、模型的数值解法

因为不确定参数模型中含有非线性的偏微分方程，很难得到偏微分方程的解析解，必须借助于偏微分方程的数值解，这里给出不确定参数模型的隐性差分格式。

假设股票的最大价格为 S_{Max}，股票价格和时间步长分别为：

$$\delta t=T/I, \ i=0, \ 1, \ 2, \ 3, \ \cdots, \ I, \ \delta S=S_{Max}/K, \ k=0, \ 1, \ 2, \ 3, \ \cdots, \ K$$

期权的价格为：$V_i^k=V(i\delta t, k\delta S)$，各阶偏导数的近似公式如下：

$$\frac{\partial V}{\partial t}=\frac{V_{i+1}^k-V_i^k}{\delta t}, \ \frac{\partial V}{\partial S}=\frac{V_i^{k+1}-V_i^{k-1}}{2\delta S}, \ \frac{\partial^2 V}{\partial S^2}=\frac{V_i^{k+1}-2V_i^k+V_i^{k-1}}{\delta S^2}$$

则不确定参数式（4-2）的隐性差分格式为：

$$MV^{(i)} = V^{(i+1)} - h$$

其中：

$$M = \begin{pmatrix} B_1 & C_1 & 0 & 0 & \cdots & 0 & 0 \\ A_2 & B_2 & C_2 & 0 & \cdots & 0 & 0 \\ 0 & A_3 & B_3 & C_3 & \cdots & 0 & 0 \\ \cdots & \cdots & \cdots & \cdots & & \cdots & \cdots \\ 0 & 0 & 0 & 0 & \cdots & B_{K-2} & C_{K-2} \\ 0 & 0 & 0 & 0 & \cdots & B_{K-1} & C_{K-1} \end{pmatrix}, \quad V^{(i)} = \begin{pmatrix} V_i^1 \\ V_i^2 \\ \vdots \\ V_i^{K-1} \end{pmatrix}, \quad h = \begin{pmatrix} A_1 V_i^0 \\ \vdots \\ \vdots \\ C_{K-1} V_i^K \end{pmatrix}$$

其中：

$$A_k = \frac{1}{2}(\sigma^2(\ \cdot\ )k^2 - r(\ \cdot\ )k)\delta t, \quad B_k = 1 - (\sigma^2(\ \cdot\ )k^2 + r(\ \cdot\ ))\delta t$$

$$C_k = \frac{1}{2}(\sigma^2(\ \cdot\ )k^2 + r(\ \cdot\ )k)\delta t$$

求期权最小价格时：$\sigma(\ \cdot\ ) = \begin{cases} \sigma^+ & \dfrac{\partial^2 V^-}{\partial S^2} < 0 \\ \sigma^- & \dfrac{\partial^2 V^-}{\partial S^2} > 0, \end{cases}$ $r(\ \cdot\ ) = \begin{cases} r^+ & \left(V^- - S\dfrac{\partial V^-}{\partial S}\right) > 0 \\ r^- & \left(V^- - S\dfrac{\partial V^-}{\partial S}\right) < 0 \end{cases}$

求期权最大价格时：$\sigma(\ \cdot\ ) = \begin{cases} \sigma^+ & \dfrac{\partial^2 V^+}{\partial S^2} > 0 \\ \sigma^- & \dfrac{\partial^2 V^+}{\partial S^2} < 0, \end{cases}$ $r(\ \cdot\ ) = \begin{cases} r^+ & \left(V^+ - S\dfrac{\partial V^+}{\partial S}\right) < 0 \\ r^- & \left(V^+ - S\dfrac{\partial V^+}{\partial S}\right) > 0 \end{cases}$

对于欧式看跌期权，终端条件为：当 $t = T$ 时，$V_I^k = Max(E - k\delta S, 0) k = 0, 1,$ 2，3，$\cdots$，K。

边界条件为：当 $S = 0$ 时，$V_i^0 = E$；当 $S = S_{Max}$ 时，$V_i^K = 0$。对于期权组合，跳跃条件为：

$V_{i+1}^k = V_i^k + C(i)$，$C(i)$ 表示 i 时刻的现金流。

第二节 模型在我国期权市场上的应用

这里还以第二章中所求的上证 50ETF 期权价格区间为例，期权产品和模型参数同第二章和第三章，用式（4-2）~式（4-3）和最优静态对冲方法求期权的价格区间，得到的结果如表 4-1 所示。

表 4-1 四种+1 份上证 50ETF 购 6 月 2800 期权的价格区间

计算方法	区间下限	区间上限
1. 利用 Black-Scholes 公式计算结果	0.0265	0.1281
2. 直接利用式（4-2）~式（4-3）的结果	0.0518	0.0983
3. 利用-0.5 份 2700Call 和-0.5 份 2900Call 对冲结果	0.0605	0.0845
4. 利用-0.53 份 2700Call 和-0.47 份 2900Call（最优）对冲结果	0.0629	0.0791

表 4-1 中的第一种价格区间利用 Black-Scholes 期权定价公式直接得到；第二种价格区间是通过式（4-2）~式（4-3）的计算结果；第三种价格区间是利用 -0.5 份 2700Call 和-0.5 份 2900Call 计算结果；第四种价格区间是利用-0.53 份 2700Call 和-0.47 份 2900Call（最优）对冲结果。可以看出，上证 50ETF 购 6 月 2800 期权的市场价格为 0.0659 元，都落在上述四种方法构建的价格区间中，但是从估计的精度来讲，由于 Black-Scholes 公式的期权价格区间最长，为 0.1016 元，精度最差，不确定参数模型的价格区间长度为 0.0465 元。但是这些期权价格区间只是用到了目标期权本身的信息，并没有用到其他期权的市场价格信息，因此选取-0.53 份 6 月 2700 期权和-0.47 份 6 月 2900 期权为最优

对冲工具，得到目标期权的最优价格区间为［0.0629，0.0791］元，价格区间长度明显缩小，且与上证 50ETF 购 6 月 2800 期权的当天的最高价（0.0781元）和最低价（0.0631元）的误差较小，这也说明了不确定参数模型有一定的优势，比前面的单独改进标的资产价格波动率和无风险波动率的常数假设更加精确些，这里的模型是综合考虑两者变动的因素，从而结果会更加精确一些。

由最优静态对冲得到的价格区间主要有以下两种应用：第一能够识别某种期权价格上是否存在套利机会；第二为风险控制，可以给出期权以及期权组合的价格误差最大值。

一、套利识别

由表 4-1 可知，由于市场上 2800Call 的价格为 0.0659 元，都落在四种方法形成的价格区间中，由此认为在该期权价格上不存在套利机会。虽然四种结果得到的结论一致，但后两种情形中，价格区间长度相对更小，并且随着对冲期权工具的增多，得到的区间长度将进一步缩小。且与上证 50ETF 购 6 月 2800 期权的当天的最高价（0.0781 元）和最低价（0.0631 元）的误差较小，进一步说明了模型的有效性。

但是，对于交易不频繁的期权，其价格上可能会存在套利机会。仍用上面例子中的期权产品，参数一样，只不过将上证 50ETF 购 6 月 2700 期权作为目标期权，用四种模型和方法计算其价格区间，如表 4-2 所示。

表 4-2　四种+1 份上证 50ETF 购 6 月 2700 期权的价格区间

模型和方法	价格区间下限	价格区间上限
1. 利用 Black-Scholes 公式计算结果	0.0914	0.1828

续表

模型和方法	价格区间下限	价格区间上限
2. 直接利用式（4-2）~式（4-3）的结果	0.1235	0.1592
3. 利用−0.5 份 2600Call 和−0.5 份 2800Call 对冲结果	0.1291	0.1496
4. 利用−0.49 份 2600Call 和−0.51 份 2800Call（最优）对冲结果	0.1389	0.1471

2020 年 4 月 21 日，+1 份上证 50ETF 购 6 月 2700 期权市场价格为 0.1130 元，落在 Black-Scholes 计算出来的价格区间中，认为是合理的价格；但是由不确定参数模型以及最优对冲方法计算出来的价格区间结果都大于市场价格，因此可以认为该期权价格偏低，可能与交易不频繁有关。

二、最大价格差风险控制

VaR 是通过给出一定概率的情形下投资组合的损失值，对投资组合进行风险控制。但式（4-2）~式（4-3）得出的价格区间可以给出期权及其组合的价格误差最大值，此值是价格区间的长度。本例中，可以得到投资一份执行价格为 2.8 元的上证 50ETF 认购期权的价格误差最大值为 0.0791−0.0629＝0.0162 元，这样投资者就可以控制自己的风险，避免非理性的情绪。如果期权的实际价格比期权价格上限要低，那么可以进行买进的操作，如果高于期权区间价格上限，那么可以卖出该期权。

第三节　标的资产间相关系数区间假设的期权定价模型

期权是一种金融衍生产品，它赋予持有者在未来某一时刻以某一确定价格买卖某项资产的权力。根据期权所依赖的基础资产个数可以将期权分为单资产期权和多资产期权，多资产期权又称为彩虹期权，常见于外汇期权以及各种银行结构化理财产品中。国内招商银行发行的"金葵花"焦点联动系列中，有一款嵌有多资产期权的银行结构化理财产品，其基础资产为中国工商银行 H 股以及交通银行 H 股；"沪港联动"结构化理财产品有一种基于恒生指数和上证指数的多资产期权以及汇丰银行发行的外汇理财产品中的多资产期权是基于人民币汇率和欧元汇率等，这些金融产品的出现要求对多资产期权的价格做出更加合理的评估。

对于多资产期权的定价，Stulz（1982）给出了两资产最大和最小欧式看涨和看跌期权的解析解表达式，并讨论了这两种期权价格之间的关系，国内吴云、何建敏（2002）讨论了多资产期权定价问题，梅立泉等（2006）讨论了多资产期权定价方程的数值解法，都有很好的结果。但这些文献都假设基础资产收益率之间的相关系数是常数，很少讨论不确定相关系数下的期权定价问题。然而相关系数并不一定是常数，往往在期权有效期内发生变动，为了说明这个问题，这里选取 2008 年 1 月 4 日到 2020 年 4 月 30 日的中国工商银行 H 股和交通银行 H 股的行情，一共 2967 个数据，做出其滚动的一年期两者相关系数图，如图 4-1 所示。

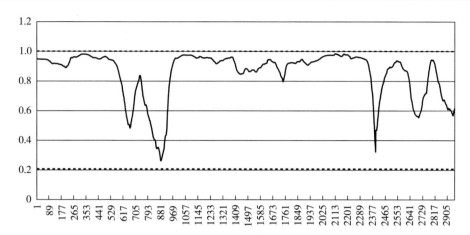

图4-1　中国工商银行和交通银行滚动一年期相关系数

可以看出，两只股票之间的相关系数不是常数，一直在变动着，范围是22%~99%，因此有必要对相关系数常数假设进行改进，以更加符合金融市场实际情况。Wilmott（2004）提出用随机过程来描述相关系数，但这使得模型有更多待确定的参数，而且使得定价模型更加复杂。这里假设多资产期权基础资产之间的相关系数在一个区间中变动，以此来讨论多资产期权定价问题。与不确定波动率模型中情形类似，在相关系数区间假设的情况下，基础资产价格的演化轨迹不定，难以得到多资产期权价格的确切值。但如果加以控制，能够找出多资产期权价格的上界和下界，也就是多资产期权的价格区间。为求多资产期权的价格区间，先将多资产期权价格区间问题归结为一个随机最优控制问题，然后利用动态规划原理得到期权价格上下限模型，并讨论模型的解法和性质；最后给出模型的应用，提供一种期权市场上套利识别以及最大价格差风险控制的方法。

一、多资产期权定价问题与最优控制系统

假设多资产期权的风险资产 t 时刻的价格为 $S_i(t)$（$i=1, 2, \cdots, n$），到期日

T 时刻的收益函数为 $h(S_1(T), S_2(T), \cdots, S_n(T))$（函数 h 为 Borel 可测）。假设风险资产价格都服从几何布朗运动，那么风险中性情形下价格向量 $S_i(t)$ 服从的随机过程为：

$$dS_i(t) = r(t)S_i(t)dt + S_i(t)\sigma_i(t)dz_i(t)(i=1, 2, \cdots, n)$$

ρ_{ij} 表示第 i 只风险资产和第 j 只风险资产收益率之间的相关系数，那么 $dz_i(t)dz_j(t) = \rho_{ij}dt(1 \leq i, j \leq n)$，$(-1 \leq \rho_{ij} \leq 1)$。$\sigma_i(t)$ 为第 i 只风险资产价格波动率，$r(t)$ 为无风险利率，与 Black-Scholes 中的假设一样，都设为常数，$z_i(t)$ 为标准布朗运动。那么该多资产期权或期权组合在 t 时的价格函数为：

$$V(t) = E\left[e^{-\int_t^T r(s)ds} h(S_1(T), S_2(T), \cdots, S_n(T)) \mid F(t)\right]$$

现有文献均假设股票收益率之间的相关系数在期权有效期内是常数，很少讨论不确定相关系数下的期权定价问题。虽然两只股票的属性很大程度上影响了两者之间的相关系数，但是股票之间的相关系数也会随时间变化的，因此要对相关系数常数假设进行改进。根据前文对常数假设的改进思想，这里假设第 i 只股票和第 j 只股票收益率之间的相关系数 ρ_{ij} 在一个区间中变动：

$$\rho_{ij}^- \leq \rho_{ij} \leq \rho_{ij}^+ (1 \leq i, j \leq n)$$

这里所讨论的金融问题就是在上述的假设条件下求不确定相关系数多资产期权的价格区间。

由于相关系数 ρ_{ij} 是不确定的，存在无穷条可能的资产价格轨迹，很难求出多资产期权价格的某个特定值。但是，设定了 ρ_{ij} 的最大值和最小值，如果加以控制，可以在所有的资产价格可能轨迹中求出期权价格能够达到的上限 $V^+(S, t)$ 和下限 $V^-(S, t)$，是一个求期权价格的最值问题，随机最优控制理论能解决这种最值问题。只需将风险资产价格看成为状态变量，期权价格作为目标性能指标泛函，下面来建立此期权定价问题对应的最优控制系统。

由于多资产期权的价格决定于每只风险资产的价格轨迹，因此风险资产价格看作随机最优控制系统中的状态变量。令控制函数 $u_{ij}(\,\cdot\,)=\rho_{ij}(1\leqslant i,\ j\leqslant n)$ 来控制相关系数的变化过程，那么状态方程可写成：

$$
\begin{cases}
dS_i(t)=r(t)S_i(t)dt+S_i(t)\sigma_i(t)dz_i(t)\,(1\leqslant i\leqslant n) \\
dz_i(t)dz_j(t)=u_{ij}dt\,(1\leqslant i\neq j\leqslant n) \\
S_i(t)=S_i\,(1\leqslant i\leqslant n)
\end{cases}
$$

由假设 $\rho_{ij}^-\leqslant\rho_{ij}\leqslant\rho_{ij}^+$ 可得，控制函数 $u_{ij}(\,\cdot\,)$ 的控制集为：

$$u_{ij}(\,\cdot\,)\in\Omega[t,\ T]=\{u_{ij}(\,\cdot\,):[t,\ T]\rightarrow[\rho_{ij}^-,\ \rho_{ij}^+]\,|\,u(\,\cdot\,)可测\}\,(1\leqslant i\neq j\leqslant n)$$

性能指标泛函：

$$J(u(\,\cdot\,))=E[h(S_1(T),\ S_2(T),\ \cdots,\ S_n(T))]。$$

根据性能指标泛函与多资产期权价格函数之间的关系：

$$V(t)=e^{-r(T-t)}J(u(\,\cdot\,))$$

那么不确定相关系数多资产期权价格下限问题可以归结为：

随机最优控制问题 $(S_{t,S5}^-)$ 在控制集 $u\in\Omega[t,\ T]$ 中寻找一个最优控制函数 $\underline{u}(\,\cdot\,)$ 使得：

$$J(\underline{u}(\,\cdot\,))=\inf_{u(\,\cdot\,)\in\Omega[t,T]}J(u(\,\cdot\,))$$

类似地，不确定相关系数多资产期权价格上限问题可以归结为：

随机最优控制问题 $(S_{t,S5}^+)$ 在控制集 $u\in\Omega[t,\ T]$ 中寻找一个最优控制函数 $\overline{u}(\,\cdot\,)$ 使：

$$J(\overline{u}(\,\cdot\,))=\sup_{u(\,\cdot\,)\in\Omega[t,T]}J(u(\,\cdot\,))$$

上述随机最优控制问题可以通过随机最优控制理论中等价的 Pontryagin 最大值原理和 Bellman 动态规划原理求解，这里只利用动态规划原理得到相应的 Hamilton-Jacobi-Bellman 方程。在状态方程中将相关系数设定等于控制函数，通过不断调整控制函数，能够使得性能指标泛函达到最值。

二、利用 Bellman 动态规划原理求解

先讨论随机最优控制问题 $S_{t,S5}^-$。

根据 Bellman 动态规划原理，随机最优控制问题 $S_{t,S5}^-$ 的值函数

$$\begin{cases} U(t,\ S) = \inf_{u(\,\cdot\,)\in\Omega} J(t,\ S;\ u(\,\cdot\,)) \\ U(T,\ S) = e^{-r(t-T)}h(S) \end{cases}$$

应满足如下 Hamilton–Jacobi–Bellman 方程：

$$\begin{cases} -U_t^- + \sup_{u\in\Omega} G(t,\ S,\ u,\ -U_{S_i}^-,\ -U_{S_iS_i}^-,\ -U_{S_iS_j}^-) = 0 \\ U^-\big|_{t=T} = e^{-r(t-T)}h(S) \end{cases}$$

其中推广的 Hamilton 函数 G 为：

$$G(t,\ S,\ u,\ p_i,\ P_{ii},\ P_{ij}) = \frac{1}{2}\sum_{i=1}^n \sigma_i^2 S_i^2 P_{ii} + \sum_{i\neq j}\sigma_i\sigma_j S_i S_j u_{ij} P_{ij} + r\sum_{i=1}^n S_i p_i$$

分两种情形考虑推广的 Hamilton 函数 G 的上确界：

（1）当 $P_{ij}>0$ 时，即 $-U_{S_iS_j}^->0$，欲使 G 取上确界要求控制函数 $\underline{u}_{ij}=\rho_{ij}^+$，此时

$$\sup_{u\in\Omega} G = -\frac{1}{2}\sum_{i=1}^n \sigma_i^2 S_i^2 \frac{\partial^2 U^-}{\partial S_{ij}^2} - \sum_{i\neq j}\rho_{ij}^+\sigma_i\sigma_j S_i S_j \frac{\partial^2 U^-}{\partial S_i\partial S_j} - r\sum_{i=1}^n S_i \frac{\partial U^-}{\partial S_i};$$

（2）当 $P_{ij}<0$ 时，即 $-U_{S_iS_j}^-<0$，欲使 G 取上确界要求控制函数 $\underline{u}_{ij}=\rho_{ij}^-$，此时

$$\sup_{u\in\Omega} G = -\frac{1}{2}\sum_{i=1}^n \sigma_i^2 S_i^2 \frac{\partial^2 U^-}{\partial S_{ij}^2} - \sum_{i\neq j}\rho_{ij}^-\sigma_i\sigma_j S_i S_j \frac{\partial^2 U^-}{\partial S_i\partial S_j} - r\sum_{i=1}^n S_i \frac{\partial U^-}{\partial S_i}。$$

综上，Hamilton–Jacobi–Bellman 方程可写成为：

$$\begin{cases} \dfrac{\partial U^-}{\partial t} + \dfrac{1}{2}\sum_{i=1}^n \sigma_i^2 S_i^2 \dfrac{\partial^2 U^-}{\partial S_{ij}^2} + \sum_{i\neq j}\underline{\rho}_{ij}(U_{S_iS_j}^-)\sigma_i\sigma_j S_i S_j \dfrac{\partial^2 U^-}{\partial S_i\partial S_j} + r\sum_{i=1}^n S_i \dfrac{\partial U^-}{\partial S_i} = 0 \\ U^-(S)\big|_{t=T} = e^{-r(t-T)}h(S(T)) \end{cases}$$

$$(4\text{-}4)$$

其中：$\underline{\rho}_{ij}(x) = \rho_{ij}^+ I_{\{x<0\}} + \rho_{ij}^- I_{\{x>0\}}$，$I$ 为指示函数。

根据价格函数 $V^-(t)$ 与性能指标泛函关系式：

$$V(t) = e^{-r(T-t)} J(u(\cdot))$$

变换后得到不确定相关系数多资产期权价格下限 $V^-(S, t)$ 满足的模型为：

$$\begin{cases} \dfrac{\partial V^-}{\partial t} + \dfrac{1}{2}\sum_{i=1}^{n}\sigma_i^2 S_i^2 \dfrac{\partial^2 V^-}{\partial S_i^2} + \sum_{i\neq j}\underline{\rho}_{ij}(V^-_{S_iS_j})\sigma_i\sigma_j S_i S_j \dfrac{\partial^2 V^-}{\partial S_i\partial S_j} + r\sum_{i=1}^{n} S_i \dfrac{\partial V^-}{\partial S_i} - rV^- = 0 \\ V^-(S)\big|_{t=T} = h(S(T)) \end{cases}$$

$$(4-5)$$

同样得到不确定相关系数多资产期权价格上限 $V^+(S, t)$ 满足的模型为：

$$\begin{cases} \dfrac{\partial V^+}{\partial t} + \dfrac{1}{2}\sum_{i=1}^{n}\sigma_i^2 S_i^2 \dfrac{\partial^2 V^+}{\partial S_i^2} + \sum_{i\neq j}\bar{\rho}_{ij}(V^+_{S_iS_j})\sigma_i\sigma_j S_i S_j \dfrac{\partial^2 V^+}{\partial S_i\partial S_j} + r\sum_{i=1}^{n} S_i \dfrac{\partial V^+}{\partial S_i} - rV^+ = 0 \\ V^+(S)\big|_{t=T} = h(S(T)) \end{cases}$$

$$(4-6)$$

其中，$\bar{\rho}_{ij}(x) = \rho_{ij}^+ I_{\{x>0\}} + \rho_{ij}^- I_{\{x<0\}}$。

终值问题式（4-5）~式（4-6）都含有完全非线性的偏微分方程，也称为 Black-Scholes-Barenblatt 方程，考虑交易成本的期权定价模型以及不确定波动模型都属于这类方程，虽然这些模型含有非线性的偏微分方程，但是由于模型的假设更加接近现实，因此值得研究。当 $i=j=2$ 时，模型退化为不确定性相关系数的两因素的期权定价模型。如果任意两只股票之间的相关系数为常数，即 $\bar{\rho}_{ij}=\underline{\rho}_{ij}=\rho_{ij}$，那么终值问题式（4-5）~式（4-6）等价，都退化成相关系数常数假设的多资产期权定价模型。

三、模型解的正则性

由于式（4-5）~式（4-6）中含有非线性的偏微分方程，难以讨论其解的正则性，这里借助于最优控制理论中的黏性解来讨论，有如下定理。

定理 4-2： 式（4-5）~式（4-6）的解具有存在性、唯一性和连续性。

证明： 先讨论不确定相关系数多资产期权价格下限对应的模型（4-5）情形。

由于模型（4-4）是一个 Hamilton-Jacobi-Bellman 方程，那么 Hamilton-Jacobi-Bellman 方程在黏性解的意义下具有存在性、唯一性和连续性，又因为变换 $V(S(\cdot)) = e^{-r(T-t)} J(u(\cdot))$，那么可以得到模型（4-5）的解具有存在性、唯一性和连续性。同理可证不确定相关系数多资产期权价格上限模型（4-6）的解也具有存在性、唯一性和连续性，定理得证。

四、模型的数值解法

由于模型中含有非线性的偏微分方程，在某些特定的情况下可以通过 Pontryagin 最大值原理得到对应的 Hamilton 系统进行求解，但是大多数情形下又依赖于偏微分方程的数值解法。为了行文方便，这里讨论两资产期权定价模型的有限差分格式。

假设 S_1，S_2 为风险资产价格，最大值分别为 $S_{1\max}$，$S_{2\max}$，资产价格步长分别为：

$$\delta S_1 = \frac{S_{1\max}}{M}, \quad \delta S_2 = \frac{S_{2\max}}{N}, \quad \text{时间步长为：} \quad \delta t = \frac{T}{K}, \quad M, N, K \text{ 都是正整数。}$$

根据式（4-5）~式（4-6）的倒向性，期权价格中有三个变量，因此期权价格通项形式为：$V_{i,j}^k = V(i\delta S_1, j\delta S_2, T-k\delta t)$，各阶偏导数的差分格式可以写成：

$$\frac{\partial V}{\partial t} \approx \frac{V_{i,j}^k - V_{i,j}^{k+1}}{\delta t}, \quad \frac{\partial V}{\partial S_1} \approx \frac{V_{i+1,j}^k - V_{i-1,j}^k}{2\delta S_1}, \quad \frac{\partial V}{\partial S_2} \approx \frac{V_{i,j+1}^k - V_{i,j-1}^k}{2\delta S_2}$$

$$\frac{\partial^2 V}{\partial S_1^2} \approx \frac{V_{i+1,j}^k - 2V_{i,j}^k + V_{i-1,j}^k}{\delta S_1^2}, \quad \frac{\partial^2 V}{\partial S_2^2} \approx \frac{V_{i,j+1}^k - 2V_{i,j}^k + V_{i,j-1}^k}{\delta S_2^2}$$

$$\frac{\partial^2 V}{\partial S_1 \partial S_2} \approx \frac{V_{i+1,j+1}^k - V_{i+1,j-1}^k - V_{i-1,j+1}^k + V_{i-1,j-1}^k}{4\delta S_1 \delta S_2}$$

那么不确定相关系数下的两资产期权价格显式差分格式为：

$$V_{i,j}^{k+1} = a_{i,j}V_{i+1,j+1}^k + b_{i,j}V_{i+1,j}^k + c_{i,j}V_{i+1,j-1}^k + d_{i,j}V_{i,j+1}^k + e_{i,j}V_{i,j}^k + f_{i,j}V_{i,j-1}^k + g_{i,j}V_{i-1,j+1}^k +$$

$$h_{i,j}V_{i-1,j}^k + k_{i,j}V_{i-1,j-1}^k$$

其中：

$$a_{i,j} = \frac{1}{4}ij\sigma_1\sigma_2\rho_{12}(\cdot)\delta t = -c_{i,j} = -g_{i,j} = k_{i,j}, \quad b_{i,j} = \frac{1}{2}(i^2\sigma_1^2 + ri)\delta t$$

$$d_{i,j} = \frac{1}{2}(j^2\sigma_2^2 + rj)\delta t, \quad e_{i,j} = (i^2\sigma_1^2 + j^2\sigma_2^2 - r)\delta t + 1, \quad f_{i,j} = \frac{1}{2}(j^2\sigma_2^2 - rj)\delta t$$

$$h_{i,j} = \frac{1}{2}(i^2\sigma_1^2 - ri)\delta t$$

$\rho_{12}(\cdot)$ 的确定规则：

求期权小值情形时：$\rho_{12}(\cdot) = \begin{cases} \rho_{12}^+(\cdot) & V_{S_1S_2}^- < 0 \\ \rho_{12}^-(\cdot) & V_{S_1S_2}^- > 0 \end{cases}$

以及求期权大值情形时：$\rho_{12}(\cdot) = \begin{cases} \rho_{12}^+(\cdot) & V_{S_1S_2}^+ > 0 \\ \rho_{12}^-(\cdot) & V_{S_1S_2}^+ < 0 \end{cases}$

边界条件依照不同类型的多资产期权类型而定。两资产最大的看涨期权，X 为执行价格，收益函数为：

$$Rainbow-Call = \max(0, \max(S_{1T}, S_{2T}, X)) - X = \max(S_{1T}, S_{2T}, X) - X。$$

那么边界条件可以写成：

$$V_{0,j}^k = \max(j\delta S_2, X) - X, \quad V_{M,j}^k = S_{1\max} - X, \quad V_{i,0}^k = \max(i\delta S_1, X) - X,$$

$$V_{i,N}^k = S_{2\max} - X, \quad V_{i,j}^K = \max(i\delta S_1, j\delta S_2, X) - X。$$

那么求不确定相关系数两资产期权价格区间的数值方法可以按照如下步骤进行：

第一步：输入必要的参数，S_1，S_2，S_{1max}，S_{2max}，M，N，K，ρ_{12}^+，ρ_{12}^- 等并根据初始条件赋值给 $V_{i,j}^k$；

第二步：计算 $V_{i,j}^k$，直到 $k=K$；

第三步：计算两资产期权价格 $V_{i,j}^K$，$i=\dfrac{S_1}{\delta S_1}$，$j=\dfrac{S_2}{\delta S_2}$。

五、模型的应用

多资产期权常见于银行结构化理财产品以及外汇期权中，因此多资产期权定价问题是期权投资中的重要问题。选取招商银行发行的"金葵花"一款结构化理财产品中的两资产期权，它是基于交通银行 H 股和中国工商银行 H 股的最大看涨期权，有效期为 1 年。两只股票在 2020 年 1 月 17 日的价格分别为 $S_1=$ 5.49，$S_2=5.81$ 元，期权执行价格为 4 元，2020 年 7 月 1 日的剩余期限为 0.54 年。利用 GARCH（1，1）模型计算的波动率分别为 40% 和 35%，假设无风险利率为 3%，根据历史数据计算交通银行 H 股和中国工商银行 H 股之间的相关系数在区间 [0.22，0.99] 中变动，表 4-3 是期权价格区间的计算结果。

表 4-3 一份最大两资产看涨期权的价格区间

两资产最大看涨期权	股票间相关系数常数假设下的价格区间	股票间相关系数区间假设下的价格区间
期限 $T=1$	[2.043，2.391]	[2.119，2.302]
期限 $T=0.54$	[1.814，2.108]	[1.861，2.058]

可以看出，当 $T=1$ 时，由解析解计算出来的价格区间长度为 0.348 元，而由最优控制的非线性偏微分方程计算出来的结果为 0.183 元，区间长度缩小至原来区间长度的一半左右，由此该模型的结果有一定的优势，虽然相关系数是不确

定的，但是在建立最优控制系统的时候运用了控制函数来控制这个不确定的变量，因此能缩小期权价格区间。当 $T=0.54$ 年时，由解析解计算出来的期权价格区间长度为 0.294 元，而非线性模型得到的期权价格区间长度为 0.197 元，价格区间是线性结果区间长度的 2/3 左右。可以通过市场上已经存在的相同现金流类型的产品作为对冲工具，将目标多资产期权的价格区间缩小到最短，但市场上缺乏同类的结构化理财产品，因此这里不讨论最优静态对冲。计算出多资产期权价格区间有三种作用：提供发行参考价格、套利识别以及最大价格差风险控制。

1. 提供多资产期权发行参考价格

银行理财产品是一种 OTC 产品，很多结构化银行理财产品是对客户需求量身定做的，可能市场上没有类似的金融衍生品，要进行合理的定价。模型计算的结果为银行理财产品的发行价提供了一个价格区间，例如上述的多资产期权银行理财产品可以参考 $T=1$ 时的计算结果，选取价格区间 [2.119，2.302] 作为该多资产期权的询价以及发行参考价。

2. 套利识别

式（4-5）~式（4-6）给出了多资产期权的价格区间，如果风险资产相关系数在区间中变动时，期权的价格应该落在该区间中。如果期权市场价格不在此区间中，可以认为存在套利机会。例如 2020 年 7 月 1 日，如果该期权的价格落在 [1.861，2.058] 之外，可以认为有套利的机会存在，可卖高买低操作进行套利。

3. 最大价格差风险控制

结构化银行理财产品是一种个人理财产品，具有很高的杠杆性，如果投资成功，可以获得较高的收益；如果失败，会面临较大的投资风险。2008 年金融危机中，许多结构性理财产品的收益率为零甚至为负，给投资者带来了巨大的损失，因此有必要对理财产品中的衍生品部分进行严格的风险控制。常用金融风险控制的 VaR 方法是通过给出一定概率的情形下计算投资组合带来的损失值，进行风险控制。式（4-5）~式（4-6）给出了期权的价格区间，区间长度就是期权及其组合的价格误差最大值。上例中，可以得到 2020 年 7 月 1 日投资一份该最大两资产看涨期权的价格误差最大值约为 2.058-1.861=0.197 元。

第五章　结论

一、研究总结与建议

本书对 Black-Scholes 期权定价公式中标的资产价格波动率和无风险利率常数假设做了一种改进，结合金融数据的特点以及我国逐步采用利率走廊调控政策的背景，假设两个参数都在一个区间中变动情形下讨论期权定价模型，将期权定价问题转化为最优控制问题，构建讨论期权定价问题的最优控制框架，建立对应的最优控制系统，然后通过最优控制理论中的动态规划原理得到期权价格区间的模型和解法，并对相关的模型进行了讨论，最后给出了模型在中国期权市场上的应用，求解并对冲了上证 50ETF 期权的价格区间，发现模型的结果比 Black-Scholes 公式结果更具有优势，而且与期权市场上存在最高卖价和买价的误差较小，从而模型也有一定的实践意义。

上证 50ETF、沪深 300ETF 和指数期权上市以来，虽然取得了长足的发展和进步，成交量和投资者逐年增加，但是发现有的期权产品的成交量不是很大，流动性较差，同一时刻期权最高卖价与最低买价之间的差价还是比较大的，有的期权产品之间价格也存在套利的机会。为了尽可能发挥期权的作用，促进期权市场的长久发展，这里结合我国期权市场的实际情况提出如下建议：

（1）健全和完善期权及其基础产品的交易制度。目前上证 50ETF 和沪深 300ETF 实施 T+1 制度，而上证 50ETF 和沪深 300ETF 期权实施 T+0 制度，虽然上证 50ETF 和沪深 300ETF 当日买入的份数可以进行赎回，由于两者的交易制度不同，一定程度上阻碍了期权投资者的有效对冲和管理风险。交易所应尽量减少对 50ETF 和沪深 300ETF 交易的限制，提高对上证 50 指数和沪深 300 指数的跟踪能力，促进上证 50ETF 和沪深 300ETF 期权的定价能力和效率。期权定价公式中需要有卖空机制，因此建议交易所扩大融资融券标的范围，尽快实现卖空机制，建立并完善期权询价制度和大宗交易机制，满足大单交易者的需求。

（2）加强投资者教育，培养期权理性投资者。相对于股票，期权交易技巧和风险程度要高，但是通过适当的教育能够使得投资者认识其合理的价格，从而进行理性的交易，成为市场中的理性期权投资者，期权市场的发展和繁荣离不开理性的投资者和套利者。

二、未来的研究方向

（1）非线性的偏微分方程虽然比较复杂，但是随着金融市场的逐步复杂化以及计算机技术的发展，对期权定价技术也要求越来越高，更加需要面对不满足经典的 Black-Scholes 假设前提的期权定价模型，因此金融中将会遇到越来越多的非线性偏微分方程，这里虽然给出了一种最优控制框架，但是得到解析解是未来研究的主要方向。

（2）结合中国证券市场的实际情况和交易制度，如涨跌停限制、T+1 等交易制度提出更加适合中国国情的期权定价模型，也是今后研究的主要方向。

附录 本书所用的程序函数

1. 求期权价格最大值的程序函数

Function uppricer(Asset, Volhi, Vollo, rat, Quant, Ptype, Strike, Expiry, NotimeSteps)

    For k = 1 to 10

        Lastexp = max(lastexp, Expiry(k))

        Smax = max(Smax, 3 * Expiry)

        C(k) = 1

      Next k

    Q = 1

MidVol = 0.5 * (Volhi+Vollo)

DiffVol = 0.5 * (Volhi−Vollo)

Dt = lastexp/N0TimeSteps

Ds = Sqrt(dt) * Volhi * Smax

NoAssetSteps = Int(Smax/ds)

Intasset = int(Asset/ds)

Frac = (Asset−intasset * ds)/ds

For i = 0 to NoAssetSteps

S(i) = ds * i

VOld(i) = 0

Next i

For j = 0 To NoAssetSteps

  Tim(j) = lastexp−j * dt

  Lastv = (1−frac) * Vold(intasset) +frac * Vold(intasset+1)

  For i = 1 to NoAssetSteps−1

  Delta = (Vold(i+1) −Vold(i−1))/2/ds

  Gamma = (Vold(i+1) −2 * Vold(i) +Vold(i−1))/ds/ds

  Vol = Mid(Vol+q * DiffVol * signum(gamma)

    Vnew(i) = Vold(i) +dt * (0. 5 * vol * vol * S(i)

  * S(i) * gamma+Rat * S(i) * delta−Rat * Vold(i))

  Next i

Rat = Rat+q * Rat * signum(−Vold(0))

VNew(0) = Vold(i) +dt * (−rat * Vold(0))

VNew(NoAssetSteps) = 2 * Vnew(NoAssetSteps−1) −Vnew(NoAssetSteps−2)

For i = 0 to NoAssetSteps

Vold(i) = Vnew(i)

Next i

For k = 1 to 10

  If tim (j) − 0. 00000001 < Expiry (k) And tim (j) − 0. 00000001 + dt > Expiry (k) then

    For i = 0 To NoAssetSteps

Vold(i) = Vold(i) +Quant(k) * 0. 5 * ((c(k) +1) * max(S(i) −Strike(k), 0) +

(1−c(k)) * max(Strike(k) −S(i), 0))

```
    Next i

End if

Next k

Next j

Uppricer = ( 1 - frac ) * ( Vold ( intasset + 1 ) - 2 * Vold ( intasset ) + Vold ( intasset -

1 ) ) /ds/ds + frac * ( Vold ( intasset + 2 ) - 2 * Vold ( intasset + 1 ) + Vold ( intasset - 1 ) ) /

ds/ds。
```

2. 求期权价格最小值的程序函数

```
Function lowpricer ( Asset, Volhi, Vollo, rat, Quant, Ptype, Strike, Expi-

ry, NotimeSteps)

    For k = 1 to 10

        Lastexp = max ( lastexp, Expiry ( k ) )

        Smax = max ( Smax, 3 * Expiry )

        C ( k ) = 1

    Next k

    Q = -1

MidVol = 0. 5 * ( Volhi+Vollo )

DiffVol = 0. 5 * ( Volhi-Vollo )

Dt = lastexp/N0TimeSteps

Ds = Sqrt ( dt ) * Volhi * Smax

NoAssetSteps = Int ( Smax/ds )

Intasset = int ( Asset/ds )

Frac = ( Asset-intasset * ds )/ds

For i = 0 to NoAssetSteps

    S ( i ) = ds * i
```

VOld(i) = 0

Next i

For j = 0 To NoAssetSteps

　Tim(j) = lastexp−j * dt

　Lastv = (1−frac) * Vold(intasset) +frac * Vold(intasset+1)

　For i = 1 to NoAssetSteps−1

　Delta = (Vold(i+1) −Vold(i−1))/2/ds

　Gamma = (Vold(i+1) −2 * Vold(i) +Vold(i−1))/ds/ds

　Vol = Mid(Vol+q * DiffVol * signum(gamma)

　　Vnew(i) = Vold(i) +dt * (0.5 * vol * vol * S(i) *

S(i) * gamma+Rat * S(i) * delta−Rat * Vold(i))

　Next i

Rat = Rat+q * Rat * signum(−Vold(0))

VNew(0) = Vold(i) +dt * (−rat * Vold(0))

VNew(NoAssetSteps) = 2 * Vnew(NoAssetSteps−1) −Vnew(NoAssetSteps−2)

For i = 0 to NoAssetSteps

Vold(i) = Vnew(i)

Next i

For k = 1 to 10

　If tim(j) − 0.00000001 < Expiry(k) And tim(j) − 0.00000001 + dt > Expiry
(k) then

　　For i = 0 To NoAssetSteps

Vold(i) = Vold(i) +Quant(k) * 0.5 * ((c(k) +1) * max(S(i) −Strike(k), 0) +
(1−c(k)) * max(Strike(k) −S(i), 0))

　　Next i

End if

Next k

Next j

Lowpricer = (1−frac) * (Vold (intasset + 1) − 2 * Vold (intasset) + Vold (intasset − 1))/ds/ds + frac * (Vold (intasset + 2) − 2 * Vold (intasset + 1) + Vold (intasset − 1))/ds/ds。

参考文献

［1］邓力. 上证 50ETF 期权隐含波动率曲面：建模及实证研究［J］. 投资研究，2017（2）：124-146.

［2］方艳，张元玺，乔明哲. 上证 50ETF 期权定价有效性的研究：基于 B-S-M 模型和蒙特卡罗模拟［J］. 运筹与管理，2017（8）：157-166.

［3］Richard Haberman. 实用偏微分方程［M］. 郇中丹，等译. 北京：机械工业出版社，2007.

［4］郝梦，杜子平. 基于 GARCH-GH 模型的上证 50ETF 期权定价研究［J］. 数学的实践与认识，2017，47（5）：289-296.

［5］韩立岩，李伟，林忠国. 不确定环境下的期权价格上下界研究［J］. 中国管理科学，2011（2）：1-11.

［6］扈文秀，刘相芳. 无风险利率变化时的实物期权定价方法研究［J］. 管理工程学报，2006（3）：46-51.

［7］姜礼尚，孔德兴. 应用偏微分方程讲义［M］. 北京：高等教育出版社，2008.

［8］姜礼尚. 数学物理讲义［M］. 北京：高等教育出版社，2007.

［9］金德环. 投资学［M］. 北京：高等教育出版社，2015.

［10］李治平. 偏微分方程的数值解［M］. 北京：人民邮电出版社，2009.

［11］李斌，何万里．一种寻找 Heston 期权定价模型参数的新方法［J］．数量经济技术经济研究，2015（3）：129-146．

［12］李静，周峤．Heston 随机波动率模型下一类多资产期权的定价［J］．系统工程学报，2012（3）：36-42．

［13］林海，郑振龙．利率期限结构研究评述［J］．管理科学学报，2010（3）：79-93+98．

［14］刘道百．有交易费用时的欧式期权定价［J］．应用概率统计，2000（3）：303-317．

［15］刘海龙，樊治平，潘德惠．带有交易费用的证券投资最优策略［J］．管理科学学报，2006（3）：39-43．

［16］谢赤，陈晖．利率期限结构的理论与模型［J］．经济评论，2004（1）：68-70+103．

［17］文忠桥．利率期限结构：理论、模型和实证［J］．财贸研究，2004（6）：86-91．

［18］王鹏，杨兴林．基于时变波动率与混合对数正态分布的 50ETF 期权定价［J］．管理科学，2016（4）：149-160．

［19］任智格，何朗，黄樟灿．一种无风险利率时变条件下的 Black-Scholes 期权定价模型［J］．数学杂志，2015，35（1）：203-206．

［20］牛慕鸿，张黎娜，张翔．利率走廊、利率稳定性和调控成本［J］．金融研究，2017（7）：16-28．

［21］梅立泉，李瑞，李智．三元期权定价问题的偏微分方程数值解［J］．西安交通大学学报，2006，40（4）：4484-4487．

［22］乔克林，杨盼红．基于最新数据的上证 50ETF 定价研究［J］．延安大学学报（自然科学版），2016（12）：27-31．

［23］徐静，吴慧珊．波动率不确定情形下欧式双向期权定价［J］．统计与决

策，2010（13）：139-141.

[24] 于长福，陈婷婷.基于 BS 模型的上证 50ETF 期权定价的实证研究 [J]. 金融理论与教学，2016（2）：7-11.

[25] 吴云，何建敏.多因素型期权定价模型的研究 [J]. 东南大学学报（自然版），2002（1）：143-146.

[26] 杨兴林，王鹏.基于时变波动率的 50ETF 参数欧式期权定价 [J]. 数理统计与管理，2018（1）：162-178.

[27] 雍炯敏.动态规划方法与 HJB 方程 [M]. 上海：上海科学技术出版社，1992.

[28] 雍炯敏，楼红卫.最优控制理论简明教程 [M]. 北京：高等教育出版社，2006.

[29] 郑振龙，陈蓉.金融工程 [M]. 北京：高等教育出版社，2016.

[30] 王健，李超杰，何建敏.有交易成本的 GARCH 扩散期权定价模型 [J]. 东南大学学报（自然科学版），2006（6）：19-22.

[31] 张波.带比例交易费的欧式期权定价 [D].广州：华南理工大学硕士学位论文，2014.

[32] Ahn H，Penaud A，Wilmott P. Various Passport Options and Their Valuation [J]. Applied Mathematical Finance，1999，6（4）：275-292.

[33] Avellaneda M，Paras A. Managing the Volatility Risk of Portfolios of Derivative Securities：The Lagrangian Uncertain Volatility Model [J]. Applied Mathematical Finance，1996，3（1）：21-52.

[34] Avellaneda M，Robert Buff. Combinatorial Implications of Nonlinear Uncertain Volatility Models：The Case of Barrier Options [J]. Applied Mathematical Finance，1999，6（1）：1-18.

[35] Avellaneda M，Levy A，Paras A. Pricing and Hedging Derivative Securi-

ties: In Market with Uncertain Volatilties [J]. Applied Mathematical Finance, 1995 (212): 273-288.

[36] Barenblatt G I. Scaling, Self – Similarity and Iintermediate Asymptotics [M]. New York: Springer US, 1979.

[37] Barles G, Sooner H M. Option Pricing with Transaction Costs and a Nonlinear Black-Scholes Equation [J]. Finance and Stochastics, 1998 (2): 369-397.

[38] Barron E N, Jense R. A Stochastic Approach to the Pricing of Options, [J]. Mathematics of Operations Research, 1990 (15): 29-49.

[39] Bellman R. Dynamic Programming [M]. Princeton: Princeton University Press, 1957.

[40] Black F, Scholes M. The Pricing of Options and Corporate Liabilities [J]. Journal of Political Economy, 1973, 81 (3): 637-659.

[41] Black F, Derman E, Toy W. A One-Factor Model of Interest Rates and Its Application to Treasury Bond Options [J]. Financial Analysis Journal, 1990, 46 (1): 33-39.

[42] Bollerselel T. Generalized Autoregressive Conditional Heteroskedasticity [J]. Journal of Econometrics, 1986 (31): 307-327.

[43] Bowie J, Carr P. Static Simplicity [J]. Risk Magazine, 1994 (8): 45-49.

[44] Boyce W E, Diprima R C. Elementary Differential Equations and Boundary Value Problems [M]. New York: Wiley, 1969.

[45] Boyle P, Vorst T. Option Replication in Discrete Time with Transaction Costs [J]. Journal of Finance, 1992, 47 (1): 271-293.

[46] Brennan M J, Schwartz E S. The Valuation of the American Put Option [J]. Journal of Finance, 1977 (32): 449-462.

［47］ Brunel V. Pricing Credit Derivatives with Uncertain Default Probabilities ［J/OL］. SSRN Electronic Journal, 2001, doi: 10. 2139/ssrn. 264662.

［48］ Carr P, Chou A. Breaking Barriers: Static Hedging of Barrier Securities ［J］. Risk Magazine, 1997 (10): 139-144.

［49］ Christoffersen, Feunou, Jacobs, et al. The Economic Value of Realized Volatility: Using High-Frequency Returns for Option Valuation ［J］. Journal of Financial and Quantitative Analysis, 2014, 49 (3): 663-697.

［50］ Carr P, Gupta V. Static Hedging of Exotic Options ［J］. Journal of Finance, 1998 (7): 1165-1190.

［51］ Cox J C, Ingersoll J E, Ross A S A. A Theory of Term Structure of Interest Rates ［J］. Econometrica, 1985 (53): 363-384.

［52］ Crandall M G, Ishii H, Lions P L. Use's Guide to Viscosity Solutions of Second Order Partial Differential Equations ［J］. Bull, Amer, Math Society, 1992 (1): 1-67.

［53］ Davis M H, Clark J M C. A Note on Super-Replicating Strategies ［J］. Philosophical Transactions of the Royal Society A, 1994 (347): 485-494.

［54］ Davis M H, Norman A R. Portfolio Selection with Transaction Costs ［J］. Mathematics of Operations Research, 1990 (15): 676-713.

［55］ Bates D. Jump and Stochastic Volatility: Exchange Rate Processes Implicit in Deutsche Mark Options ［J］. Review of Financial Studies, 1996, 9 (1): 69-107.

［56］ Dothan M U. On the Term Structure of Interest Rates ［J］. Journal of Financial Economics, 1978 (6): 59-69.

［57］ Duan Jin-Chuan. The Garch Option Pricing Model ［J］. Mathematical Finance, 1995, 5 (31): 13-32.

［58］ Duffie D. Dynamic Asset Pricing Theory ［M］. Princeton: Princeton University, 1992.

[59] Engle R. Autoregressive Conditional Heteroskedasticity with Estimates of Variance of U. K. Inflation [J]. Econometrica, 1982 (50): 987-1008.

[60] Engle R F, Lillian D M, Robins R P. Estimating Time Varying Risk Premia in the Term Structure: The ARCH-M Model [J]. Econometrica, 1987 (55): 391-407.

[61] Epstein D, Wilmott P. A New Model for Interest Rates [J]. International Journal of Theoretical and Applied Finance, 1998 (6): 195-226.

[62] Epstein D, Willmottt P. Fixed Income Security Valuation in a Worst Case Scenario [R]. OCIAM Working Paper, 1996.

[63] Epstein D, Wilmott P. Yield Envelopes, Net Exposure 2 August [Z]. 1997.

[64] Epstein D, Wilmott P. A Nonlinear Non-Probabilistic Spot Interest Rate Model [J]. Philosophical Transactions of the Royal Society A, 1999 (357): 2109-2117.

[65] Fabozzi F. Fixed Income Mathematics, Analytical & Statistical Techniques [M]. Illinois: Probus Publishing Company, 1993.

[66] Fleming W H, Sooner H M. Controlled Markov Processes and Viscosity Solutions [M]. New York: Springer Verlag, 1993.

[67] Frey R. Superreplication in Stochastic Volatility Models and Optimal Stopping [J]. Finance and Stochastic, 2000 (4): 161-187.

[68] Gausseel N, Legras J. Black-Scholes: What's the Next? [Z]. 1999.

[69] Glosten L R, Runkle D E, Jagannathan R. Relationship between the Expected Value and the Volatility of the Normal Excess Return on Stocks [J]. Journal of Finance, 1993, 48 (5): 1779-1781.

[70] Heath D, Jarrow R. Morton R. Bond Pricing and the Term Structure of Interest Rates: A New Methodology [J]. Econometrica, 1992 (60): 77-105.

[71] Heston S L. A Closed-Form Solution for Options with Stochastic Volatility with Applications to Bond and Currency Options [J]. Review of Financial Studies, 1993, 6 (2): 327-343.

[72] Hogan M. Problems in Certain Two-Factor Term Structure Models [J]. Annals of Applied Probability, 1993, 3 (2): 27-38.

[73] Hodges A. Neuberger. Optimal Replication of Contingent Claims Under Transaction Costs [J]. Pricing via Utility Maximization & Entropy, 1989 (8): 222-239.

[74] Hoggard T, Whalley A E, Wilmott P. Hedging Option Portfolios in the Presence of Transaction Costs [J]. Advances in Futures and Options Research, 1994 (7): 21-35.

[75] Ho Thomas, Sang Bin Lee. Term Structure Movements and Pricing Interest Rate Contingent Claims [J]. Journal of Finance, 1986 (41): 73-86.

[76] Hua P, Wilmott. Crash Courses [J]. Risk Magazine, 1997 (10): 64-67.

[77] Hull J. Options, Futures and Other Derivatives [M]. Upper Saddle River: Prentice-Hill, 2018.

[78] Hull J, White A. Valuing Derivative Securities Using the Explicit Finite Difference Method [J]. Journal of Financial and Quantitative Analysis, 1990 (25): 87-100.

[79] Hull J, White A. The Pricing of Options on Assets with Stochastic Volatilities [J]. Journal of Finance, 1987 (3): 281-300.

[80] Jong, Lehnert. Implied GARCH Volatility Forecasting [Z]. 2001.

[81] Lax P D. Integrals on Nonlinear Equations and Solitary Waves [J]. Commu-

nications on Pure and Applied Mathematics, 1968 (21): 467-490.

[82] Leland H E. Option Pricing and Replication with Transaction Costs [J]. Journal of Finance, 1985, 27 (2): 1283-1301.

[83] Lions J. Generalized Solutions of Hamilton-Jacobi Equations [J]. Research Notes in Mathematics, 1985, 27 (2): 54-63.

[84] Longstaff F A, Schwartz E S. Interest Rate Volatility and the Term Structure: A Two-Factor General Equilibrium Model [J]. Journal of Finance, 1992 (47): 1259-1282.

[85] Louis, WeiGuan. Time Series Volatility Forecasts for Option Valuation and Risk Management [C]. AFA 2008 New Orleans Meetings Paper, 2008.

[86] Lyons T J. Uncertain Volatility and the Risk-Free Synthesis of Derivatives [J]. Applied Mathematical Finance, 1995 (2): 117-133.

[87] Merton R C. Continuous-Time Finance [M]. New Fersey: Wiley Blackwell, 1992.

[88] Meyer G H. Pricing Options with Transaction Costs with the Methods of Lines [R]. Working Paper, 1998.

[89] Meyer G H. The Black-Scholes-Barenblatt Equation for Options with Uncertain Volatility and Its Application to Static Hedging [J]. International Journal of Theoretical and Applied Finance, 2006 (3): 168-181.

[90] Michel Crouhy, Dam Galai. Common Errors in the Valuation of Warrants and Options on Firms with Warrants [J]. Financial Analysis Journal, 1991 (6): 9-10.

[91] Morton K W, Mayers D E. Numerical Solution of Partial Differential Equations [M]. Cambridge: Cambridge University Press, 2004.

[92] Neftic S. An Introduction to Mathematics of Financial Derivatives [M].

Pittsburgh: Academic Press, 1996.

［93］Nelson, Daniel. Conditional Heteroscedasticity in Asset Return: A New Approach ［J］. Econometrica, 1991 (59): 347-370.

［94］Nyborg K G. The Use and Pricing of Convertible Bonds ［J］. Applied Mathematical Finance, 1996 (3): 167-190.

［95］Oztukel A. Uncertain Parameter Models ［D］. Oxford: Oxford University MSC Dissertation, 1996.

［96］Oztukel A, WIlmott P. Uncertain Parameters, An Empirical Stochastic Volatility Model and Confidence Limits ［J］. International Journal of Theoretical and Applied Finance, 1998 (1): 175-189.

［97］Richard Haberman. Applied Partial Differential Equations: With Fourier Series and Boundary Value Problems ［J］. Mathematics & Computer Education, 2012, 46 (6): 784-788.

［98］Rubinstein M. Implied Binomial Trees ［J］. Journal of Finance, 1994, 49 (3): 63-69.

［99］Rubinstein M, Reiner E. Breaking Down the Barriers ［J］. Risk, 1991, 4 (8): 28-35.

［100］Sahalia. Nonparametric Pricing of Interest Rate Derivatives ［J］. Econometirca, 1996, 64 (3): 527-560.

［101］Scott L. Option Pricing when Variance Changes Randomly: Theory, Estimation, and an Application ［J］. Journal of Financial and Quantitative Analysis, 1987, 22 (2): 91-103.

［102］Scott. Stock Options in a Jump-Diffusion Model with Stochastic Volatility and Interest Rates: Applications of Fourier Inversion Methods ［J］. Mathematical Finance, 1997, 7 (4): 413-426.

［103］ Shimko D. Bounds on Probability ［J］. Risk, 1993, 4 (33): 33-37.

［104］ Shreve. Stochastic Calculus for Finance ［M］. Berlin: Springer, 2003.

［105］ Soner H M, Touzi N. Superreplication under Gamma Constraints ［J］. SI-AM Journal on Control and Optimization, 2000 (39): 73-96.

［106］ Stanton R. A Nonparametric Model of Term Structure Dynamics and the Market Price of Interest Rate Risk ［R］. Working Paper, 1996.

［107］ Stulz. Options on the Minimum or the Maximum of Two Risky Assets ［J］. Journal of Financial Economics, 1982, 10 (2): 161-185.

［108］ Vargiolu T. Existence, Uniqueness, and Smoothness for BSB Equation ［R］. Working Paper, 2001.

［109］ Vasicek O. An Equilibrium Characterization of the Term Structure ［J］. Journal of Financial Economics, 1977 (5): 177-188.

［110］ Whalley E, Wilmott P. Counting the Costs ［J］. Risk, 1993 (10): 59-66.

［111］ Willmott P. Uncertainty Versus Randomness: Minimizing Model Dependence ［J］. International Journal of Theoretical & Applied Finance, 2000 (5): 9-15.

［112］ Wilmott P. Paul Wilmott on Quantitative Finance ［M］. New Jersey: John Wiley & Sons, 2000.

［113］ Yong J, Zhou X Y. Stochastic Controls: Hamilton Systems and HJB Equations ［M］. New York: Springer Verlag, 1999.

［114］ Zhao Y, Ziemba W. On Leland's Option Hedging Strategy with Transaction Costs ［R］. Working Paper, 2004.